清案探秘

宫闱秘闻

QING' AN TANMI
GONGWEI MIWEN

唐博 著

GUANGXI NORMAL UNIVERSITY PRESS
广西师范大学出版社
·桂林·

图书在版编目（CIP）数据

清案探秘．宫闱秘闻 / 唐博著．—桂林：广西师范大学出版社，2015.6

ISBN 978-7-5495-6723-2

Ⅰ．①清… Ⅱ．①唐… Ⅲ．①中国历史—清代—通俗读物 Ⅳ．①K249.09

中国版本图书馆 CIP 数据核字（2015）第 094419 号

广西师范大学出版社出版发行

（广西桂林市中华路 22 号　邮政编码：541001
网址：http://www.bbtpress.com）

出版人：何林夏

全国新华书店经销

桂林广大印务有限责任公司印刷

（桂林市临桂新区西城大道中段广西师范大学出版社集团有限公司创意产业园　邮政编码：541100）

开本：700 mm × 1 010 mm　1/16

印张：14.25　　字数：170 千字

2015 年 6 月第 1 版　　2015 年 6 月第 1 次印刷

印数：00 001~15 000 册　　定价：32.00 元（附光盘）

前言

清朝是中国最后一个封建王朝。近三百年的历史长河里，既有波澜壮阔，也有风云诡谲，既有盛世华章，也有屈辱经历。许多故事至今仍众说纷纭，悬而未决。

皇宫大内，是当时百姓心中最神秘的殿堂。任何有关宫廷生活的小道消息，都会成为寻常百姓街谈巷议的话题，成为文人墨客反复演绎的对象。顺治有没有出家？雍正是不是篡位？乾隆的生母是不是甄嬛？光绪是不是被慈禧害死的？该怎么评价慈禧身边的大太监安德海、李莲英？稗官野史和清宫戏里的描述是否可信？这些悬案的背后，究竟隐藏了什么？又能给今天的我们带来哪些启迪呢？

唐博博士，毕业于中国人民大学清史研究所，中央电视台《百家讲坛》第一位“80后”主讲人。今儿起，将由他给大家讲讲皇帝身边的那些事儿，带领大家一起走进宫廷里的《清案探秘》。

目录

第一集 顺治去哪儿了

顺治皇帝，名叫爱新觉罗·福临，是清朝入关后的第一个皇帝。他6岁登基，24岁便神秘消失了。

关于顺治的下落，《清世祖实录》只留下了“十八年春正月壬子，上不豫。丁巳，崩于养心殿，年二十四”这样简短的记载。从此，顺治之死便众说纷纭，莫衷一是。

俗话说，“国不可一日无君”。皇帝找不到了，这可是一件天大的事。那么，顺治皇帝究竟去哪儿了？

有人说他突然死去了。倘若如此，他究竟得了什么不治之症？有人说他没有死，而是辞职了，不做皇上了，剃度当了和尚，归隐五台山。倘若如此，到底是什么原因让他放弃万里江山，而要跟佛门结缘呢？

下面，就请大家跟随我一起，开启寻找皇帝之旅，找找顺治去哪儿了。

一、郁闷童年

要弄清楚“顺治去哪儿了”，有必要先了解“顺治从哪儿来”，那么，让我们先来简单梳理一下他的童年经历。

大清崇德八年（1643年），清太宗皇太极突然病逝，没有留下任何遗言。按照惯例，在这种情况下，皇位的归属问题要由八旗贵族开会讨论解决。皇太极的弟弟多尔衮和长子豪格是主要竞争对手，双方互不相让，剑拔弩张，陷入僵局。这场博弈的结局，是年仅6岁的福临继承皇位，郑亲王济尔哈朗和睿亲王多尔衮作为摄政王辅政。福临登基，改年号为顺治。这就是顺治皇帝。

顺治帝朝服像

福临继位的第一年，也就是顺治元年（1644年），经历了明清鼎革的

多尔衮画像

孝庄太后便装像

大时代。

先是李自成攻占北京，明崇祯皇帝上吊自杀。然后是明朝山海关总兵吴三桂和清军联手，打败李自成。多尔衮指挥清军进入北京，开启了清朝入关、统一天下的进程。不久，顺治迁都北京。

这是皇太极奋斗多年都不曾实现的定鼎中原的梦想。他6岁的儿子福临则轻易地做到了。皇太极如果在天有灵，肯定会羡慕嫉妒恨。只能说，福临有福，名字起得真好。

福临虽然有福，但是年纪太小，国家大事还得依仗两位摄政王。多尔衮很有心计，自己没当成皇帝，但权力欲十足。一开始，福临还能凭借济尔哈朗和豪格当挡箭牌。经过几年折腾，多尔衮排挤掉济尔哈朗，逼死豪格，剪除了政治异己，独揽军政大权。这样，顺治就没了靠山和屏障，陷入孤立境地，只好委曲求全，不断地给多尔衮加官晋爵，以求自保。多尔衮的尊号从“叔父摄政王”变成“皇叔父摄政王”，再变成“皇父摄政王”，成为名符其实的“太上皇”。在这样的环境里成长，顺治的心理一定很扭曲、很压抑。

顺治的生母是蒙古科尔沁的博尔济吉特氏，也是皇太极的庄妃，还是后来著名的孝庄皇太后。朋友们一定非常熟悉她，因为清代曾有一桩悬案，叫“太后下嫁之谜”，说的就是皇太极死后，孝庄太后是否改嫁了多尔衮的故事。

长期以来，这个故事经过小说家反复演绎，甚至拍了许多电视剧，从小道消息变成了宫廷奇闻。其实，太后改嫁，绝对是朝廷大事。可是，翻遍所有的中外官方文献，我们都看不到相应的记载。

坚持抗清的南明将领张煌言，曾写过一首《建夷宫词》，绘声绘色地描述了“太后下嫁”的场景：

上寿觞为合卺尊，慈宁宫里烂盈门。
春官昨进新仪注，大礼恭逢太后婚。

看似现场感很强的诗篇，其作者却远在数千里以外的浙江，根本没机会目睹这样的盛况。显然，这只是张煌言听信小道消息后的想象而已。在当时的通讯条件下，千里之遥足以以讹传讹。想象出来的东西又如何可信呢？

那个时代的作品不可信。后人写的小说里，尽管“太后下嫁”的描述更加生动形象，消息源却同样不可靠，充其量只是“演义”。

可以肯定的是，在男权社会，30岁的寡妇带着6岁的儿皇帝，要想保住性命、坐稳江山，必须找一个强势男人做靠山。在当时，这个男人非多尔衮不可。孝庄太后和多尔衮年龄相仿，或许有私情，正在谈情说爱、暗通款曲，甚至秘密同居。不过，这并不等于明媒正娶。

因此，孝庄太后对多尔衮，应当是既有儿女情长，又有政治拉拢，公私兼顾。

那个时代，满族社会还保留了许多原始习俗，比如“叔继嫂”，意思是哥哥死了，弟弟可以娶哥哥的寡妻。所以，即便有下嫁的事情，大概也是顺理成章的。然而，这样的习俗和儒家纲常不符，在汉族士大夫眼中无异于乱伦。孝庄太后和多尔衮都是政治家，统治着数以亿计的汉族居民。他们必须适应和接受汉族文化，哪怕身不由己。既然汉族文化不接受“叔继嫂”，这两位政治家又何必非要追求夫妻名分呢？

张煌言的诗词用语华丽，似乎在夸赞，但更像是讽刺。他以诗歌自嘲，慰藉自己反清复明无望的心绪，堪称“高级黑”。

不管怎么样，“太后下嫁”的说法不胫而走，“黑”到了小皇帝顺治。成年以后，他深受汉族文化影响，对母亲跟小叔叔的私情肯定很窝火，在汉族大臣面前也一定觉得没面子。

这样说来，无论是国事还是家事，在多尔衮摄政的那些年，顺治的感觉只有四个字：窝囊、郁闷。

郁闷到了一定程度就得排解。顺治采用了两个办法：

一是找机会报仇雪恨。在多尔衮活着的时候，顺治只能低调、低调再低调。顺治七年（1650年），多尔衮猝死。顺治终于等到了出气的时刻，他迅速宣布了多尔衮的十大罪状。什么“皇父摄政王”，什么跑马圈地，什么战功卓著，都成了过眼烟云。多尔衮的爵位被全部罢免，家产被全部抄没，党羽也被全部诛杀，甚至据说还被挖坟抛尸。终顺治一朝，多尔衮身败名裂。

二是尊崇汉族文化。多尔衮本人排斥汉族文化，而顺治则反其道而行之，起用汉人，吸纳汉族文化，采用汉族的政治制度。他自己也博览群书，学习儒家经典。

佛教里的禅宗，经过千年发展，已与汉族传统文化融为一体。顺治跟禅师们切磋诗词，发现他们的国学功底和佛学造诣一样精深，发自内心地佩服他们。禅师们也称赞顺治是“金轮王转世”，有大智慧。这话顺治听着很舒服。

俗话说，物以类聚，人以群分。在禅宗文化的熏陶之下，顺治与禅师的共同语言越来越多，对佛门弟子的好感也油然而生。

其实，信奉佛教本来就是爱新觉罗家族的传统。藏传佛教对清朝皇室影响很深。努尔哈赤和皇太极就尊崇藏传佛教，兴建寺庙。孝庄太后自幼受到佛教熏陶，丈夫死后空虚而孤独的内心，也是靠信奉藏传佛教来弥补的。到顺治时期，信仰藏传佛教已经成了爱新觉罗家族的传统。在这样的氛围里，他不信都不行。

清朝统治者为何对藏传佛教情有独钟呢？除了宗教信仰的因素之外，我觉得很重要的一个原因就是政治上的战略考虑。清朝入关以前，蒙古各部就在清朝的侧翼。蒙古人大多信奉藏传佛教。皇太极就通过宗教纽带笼络蒙古各部，既能结成巩固的满蒙联盟，共同对付明朝，又能确保侧翼和北部边疆的稳定。从某种意义上说，信仰藏传佛教就是当时清朝统治者开拓中国疆域版图、维护国家统一稳定的必要手段。

二、天昏地暗

多尔衮死了，顺治似乎摆脱了枷锁，可以天高任鸟飞、海阔任鱼跃了。其实不是。有三件事让他极其郁闷，甚至有一种天昏地暗的感觉。

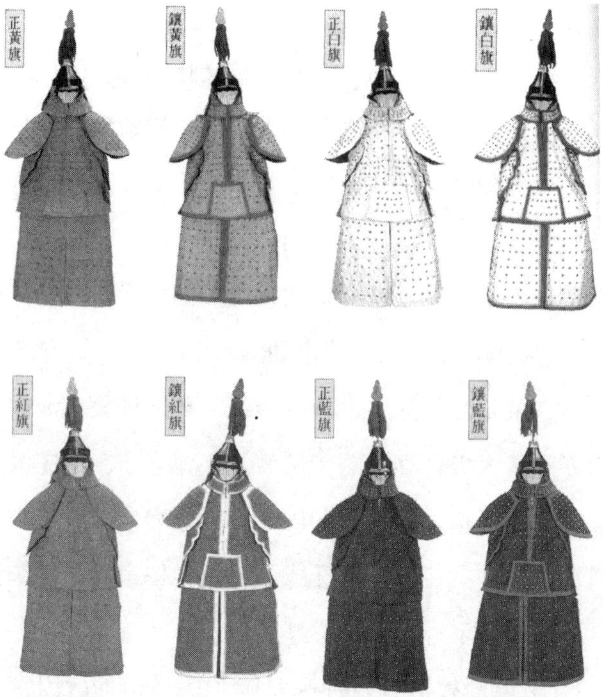

八旗军人服饰图

第一件事是改革受阻。

提到清朝的改革，大家一定会先想到雍正。可是，清朝初年的顺治改革，影响也很大，但往往被忽视。顺治改革的关键词，就是收权和汉化。

以前亲王、郡王等八旗贵族可以兼管六部，顺治把这个制度废除了。以前议政王大臣会议的权力很大，顺治没敢废掉，但却塞进去许多他信任的大臣。多尔衮以前实行的严厉的“圈地”政策[1]和“逃人法”[2]，也都陆续放宽。这样，满洲贵族圈占土地和增加奴仆的需求就被抑制了，北方的农业生产逐渐稳定和恢复。

顺治仿照明朝制度，建立了内阁、翰林院等中央衙门，行使日常行政职能，提拔重用像洪承畴这样的汉族官员。八旗贵族的权力有所削弱，一些专门面向八旗子弟的肥缺都被裁撤。

顺治是中国的皇帝，出政策办事情必须着眼全局和长远，而不限于局部和一时，这是他推进改革的动力。顺治也是满洲贵族的皇帝，虽然满洲贵族人数少，但毕竟是顺治的统治基础。如果改革步子迈得太大，满洲贵族非但跟不上，还会因为既得利益的损失太多、太快，而牢骚不断，怨声载道。在皇帝面前，他们不敢造次，但在执行层面，他们则会阳奉阴违。所以，当时的改革举步维艰，顺治极其郁闷。

第二件事是江宁被围。

清军入关以后，几年功夫就席卷南方各省。坚持抗清的南明军队，只剩下两支劲旅。一是桂王朱由榔领衔的南明小朝廷，退守云贵；一是

[1] 清兵入关后，满族人口大量迁入北京及其周边地区。为安置入关满洲贵族，解决八旗兵民生计，多尔衮三次下令“圈地”，除接管明代皇庄外，还大量掠夺民田。虽然解决了满洲贵族和八旗将士的后顾之忧，使其在战场上更卖力，但这都是以汉族农民流离失所、迅速赤贫以及土地大量荒芜为代价的，由此激起了反清斗争，加剧了清朝统治者对北方统治的不稳定性。顺治年间，这项政策曾一度放宽，但直至康熙八年（1669年）才被正式废除。

[2] 清朝尚在关外时，就制定了严禁八旗奴仆和其他八旗人员逃亡的法令，称为“逃人法”。清兵入关后将其引入关内并修订完善。其中对逃亡者有详细的处罚规定，还有关于惩罚窝藏、奖励检举等规定，是典型的人身控制法令，被视为清初恶政。康熙到乾隆年间，这项法令的执行力度逐步减弱，但始终没有废除。

郑成功画像

郑成功领衔的抗清力量，根据地是厦门、金门。

顺治十五年（1658年），清军攻入云贵，桂王政权岌岌可危。消息传到厦门，郑成功决心发动北伐，牵制清军，声援桂王。

顺治十六年（1659年），郑成功率领大军绕过福建，取道浙江舟山，进入长江口，溯江而上，攻占瓜洲（今江苏镇江），17万大军连营83座，从东侧包围江宁（今江苏南京）。他还派出一支部队，由那位写诗“黑”孝庄太后的张煌言率领，攻略安徽州县，从西侧包抄江宁。这让江宁陷入腹背受敌的绝境。

摆在顺治面前的只有两个选择：要么死守，要么投降。

死守？江宁守军只有3000人，其中八旗兵才500人，剩下的汉人军队是否可靠，谁心里都没底。清军主力远在云贵，远水解不了近渴。江宁危在旦夕。

投降？江宁是清王朝在江南的统治中心。放弃江宁，就等于放弃江南。损失的不只是半壁江山和大半赋税，还会引发北方反清复明势力的崛起，给清王朝带来灭顶之灾。

江宁被围的消息传来，京城人心大乱，商铺关门、闹市歇业，许多满洲贵族已经准备退守关外，有些八旗子弟则磨刀擦枪，准备背水一战。

此时，皇宫里的顺治真急了。他先是冒出逃回关外的念头，却被孝庄太后骂得狗血喷头，后来又宣布打算御驾亲征。这下，所有人都大惊失色，纷纷劝阻。皇宫阙下，黑压压跪倒一片。劝阻亲征的奏疏，摆满了御案。

逃回去，意味着彻底崩盘；亲征失败或者阵亡，就连退路都没了。顺治已经急得快失去理智了，于是放出狠话：谁敢阻拦我亲征，就像这龙椅一样。说罢，他用宝剑将一把龙椅劈成了碎块。这下，大臣们更懵了。整个朝廷似乎陷入了天昏地暗的局面。

然而，戏剧性的一幕出现了：御驾亲征的计划还没付诸实践，江宁之围便解除了。

郑成功包围江宁后，清朝江南总督郎廷佐派人请降。郎廷佐提出，按照《大清律》规定，守城不满30天而投降的，要诛灭三族。自己家眷都在北京，为保全一家老小，乞求等够30天，届时一定开城投降。此时郑成功已经被胜利冲昏了头脑，竟然相信了这番鬼话。他自我感觉良好，认为大军压境，你郎廷佐就算食言，我也能踏平江宁。于是，郑成功在连营里纵酒欢歌，郎廷佐则派人偷偷到崇明岛求援。

当初郑成功进长江口时，曾攻打过崇明岛，损兵折将之下却没占到便宜。崇明岛守将是苏松总兵梁化凤，听说江宁被围，即刻率三千人马星夜兼程来援。梁化凤跟郎廷佐里应外合，夜袭郑成功连营，大获全胜。郑成功损失惨重，被迫退守厦门，所占州县得而复失。此后，郑成功集团元气大伤，无力再举北伐，转而赶走荷兰殖民者，收复台湾，以此作为新的抗清根据地。

捷报传来之后，顺治长出了一口气。虽然接下来大宴群臣、论功行赏，好不热闹，但这段天昏地暗的日子还是让他背上了沉重的心理包袱。有个疑问，他始终不解：自己的许多改革措施都是为了抑制满人、保护汉人，为什么还有许多人跟着郑成功反清复明呢？

第三件事是爱妃去世。

顺治最宠爱的姑娘，是一个叫董鄂妃的神秘女子。

董鄂妃何许人也？坊间有三种说法。一是正史记载的，内大臣鄂硕之女；二是明末秦淮名妓董小宛，清军南下后被虏入宫；三是弟弟博穆博果尔的妻子。那么，究竟哪种说法比较可信呢？

我们可以先把第二种说法排除掉。董小宛原本是江南名士冒辟疆的小妾，比顺治大14岁，顺治八年（1651年）就病死了，不可能跟顺治有交集。

第一种和第三种说法可信度比较高。尤其是第三种说法，更有戏剧性。

第三种说法源于西方人的史料。在德国人魏特写的《汤若望传》

承乾宫，董鄂妃生前居所

里，曾讲述了一则故事：顺治皇帝喜欢上了一个满族军官的老婆。军官发现自己戴了绿帽子，怒不可遏地把自己的老婆训了一顿。没想到顺治获悉此事后，又把军官叫来扇了一个大耳刮子。军官羞愤难当，郁郁而终。军官的遗孀则被顺治接纳入宫，封为贵妃。经专家考证，这个军官就是顺治的弟弟襄亲王博穆博果尔，他的妻子就是董鄂妃。

汤若望画像

汤若望是天主教耶稣会派到中国的传教士，顺治皇帝对他非常信任，请他纂修历法、主持钦天监，并尊称其为“玛法”（满语“老爷爷”的意思），甚至连皇位传承都征求他的意见。汤若望得以随意出入宫廷，对皇帝的家事也都有所耳闻。因此，这则故事经由汤若望耳闻，应当不是空穴来风。

此外，清初曾有命妇入朝的制度。王公贵族的老婆轮流到宫里伺候太后和后妃。顺治在宫里偶遇董鄂妃，一见钟情，似乎也有可能。

虽说身世神秘，但备受顺治宠爱却是个不争的事实。得宠的原因有四个：

一是长得好看，国色天香。如果没有这一条，后面的三条，在顺治看来，即便有也没用。

二是有文化、有悟性。董鄂妃读过《四书》和《易经》，对书法和佛学也有心得，这跟热爱汉族传统文化的顺治志趣相投，有共同语言。这个优势，其他任何后妃都不具备。

三是能生儿子。顺治十四年（1657年）十月初七日，董鄂妃为顺治生下了皇四子。在那个年代，母以子贵。有了儿子，后妃就有了升值的资本。

四是知本分，懂孝顺。董鄂妃从不干预朝政，甚至拒绝跟顺治一起阅读朝廷公文。只是在顺治偷懒不想上朝时，她会规劝；看到顺治乐意探讨儒家经典时，她会欣慰。生完儿子，董鄂妃的身体很虚弱。但她连月子都没坐，就去服侍生病的孝庄太后，尽儿媳妇的孝道。这些都不是装出来的，而是发自肺腑的真性情。

受宠带来的最大好处就是提拔得快。顺治十三年（1656年）八月二十五日，董鄂妃被册封为“贤妃”，九月二十八日就跳过“贵妃”一级，直接晋升为“皇贵妃”。顺治还为董鄂妃举行了盛大的皇贵妃册封典礼，并为此大赦天下。无论是升迁速度，还是享受的礼遇，都是清史上绝无仅有的。

受宠带来的另一好处就是三千宠爱在一身。顺治是性情中人，比较好色。经常有人劝他节制欲望。可是，自从有了董鄂妃陪伴，顺治就很少再碰其他妃子，而是专宠一人。其实，这种专宠不单是肌肤之亲，还有心灵上的沟通。顺治甚至打算立董鄂妃为皇后，立董鄂妃的儿子为太子。

俗话说，“物极必反”。年轻的董鄂妃或许本就无福消受这些恩宠。顺治十四年（1657年），父亲鄂硕病逝；顺治十五年（1658年）正月，不到百天的儿子夭折了。一年之内，两位亲人撒手人寰，这让这个弱女子难以承受。更何况，她还要忍受着丧子之痛，强颜欢笑地在孝庄太后身边服侍，直面其他后妃的白眼和冷淡。

心力交瘁的董鄂妃病倒了。顺治发疯般地找太医来诊治，还是没能救活她。顺治十七年（1660年）八月初八日，董鄂妃病逝，年仅22岁。

岳丈、幼子和爱妃接连去世，这些打击给年轻的顺治带来的创痛是空前的。为了不让顺治再发神经，孝庄太后同意追封董鄂妃为皇后。不过，顺治却不敢在给董鄂妃的谥号里加“天”“圣”二字。因为按照皇宫的规矩，只有从大清门抬进来的皇后，才配享受这两个字。董鄂妃是改嫁的，没资格享受这些。顺治有心无力，终究抗不过祖宗家法和后宫规矩的束缚。

福临的年号是“顺治”。可残酷的现实是，官场不顺，战场不顺，情场也不顺。活在尘世间还有什么意思呢？他似乎悟出了什么。在追封皇后和举办葬礼之后，顺治要干一件更大的事——出家。

三、短暂出家

顺治对佛学的兴趣，源于对汉族传统文化的研读。顺治十四年（1657年）十月初四日，太监们投其所好，安排他到北京南苑的海慧寺，见了法号憨璞的寺院住持，两人相谈甚欢。后来，顺治多次召见憨璞，向其请教佛法，还授予了他“明觉禅师”的称号。除了憨璞，顺治还与玉林通琇、木陈、行森等多位和尚有过接触。顺治甚至拜玉林通琇为师，请他用最丑的字眼给自己起法号。玉林通琇给他起的法号，名曰“行痴”。

如果信佛只是爱好，起个法号、排个辈分倒也无所谓。如果想作为职业，那就得有所舍弃。经历了官场、战场和情场的不愉快后，顺治已经万念俱灰，越发渴求出家，那就意味着放弃皇位，放弃江山社稷。

顺治十七年（1660年）十月初八日，也就是董鄂妃去世刚满

“七七”的第二天，顺治驾临景山万善殿，师兄行森和尚在这儿刚为董鄂妃的葬礼办完道场。顺治主动提出，请行森帮他剃度。

行森一听就懵了：您这不会是开玩笑吧！几番劝阻之后，顺治说我意已决，就在这儿修行打坐，再也不回乾清宫了。如果师兄你能为天子剃度，岂不是一大功德？说罢，拔出腰间短刀，“噌”地一下，把辫子割断了。从此，千万烦恼化为乌有；从此，赤条条再无牵挂。

见已无可挽回，行森只好吩咐徒弟准备香案和剃刀，颤颤巍巍地给皇上剃光了脑袋。半个时辰之后，一个光头返青、袈裟在身的清瘦小和尚横空出世。

如果明天到单位上班，看到某个同事剃了光头，恐怕谁都会忍不住议论一下。何况是在思想保守的三百多年前，皇上剃度为僧，这无异于晴天霹雳，在朝廷内部引起了轩然大波。大臣们川流不息地跑去磕头，求顺治还俗回宫，妃嫔们哭得死去活来、天昏地暗，搞得后宫里也鸡犬不宁。

顺治剃度的事惊动了孝庄太后。她知道，自己这个儿子很执拗，不听劝，于是让人把玉林通琇找来。还是师父出面管用。十月十五日，玉林通琇抵达北京，直奔万善殿。十六日，顺治就还俗回宫。十七日，顺治上朝理政，接见大臣。不过，大臣们注意到，顺治总戴着帽子，因为脑后的辫子没了。

是什么让顺治回心转意的呢？玉林通琇的做法其实既简单又粗暴：他一进万善殿，就让徒弟们把行森和尚绑到柱子上、堆上干柴，然后去见顺治，劝他还俗。如若拒绝还俗，就把行森烧死。接着，徒弟们点着了干柴。行森虽然口诵阿弥陀佛，但已经是浑身发抖。

年轻的顺治哪见过这场面，顿时吓傻了。倘若师兄真的被烧死，那顺治即便成功出家，也会内疚一辈子，无法清净。所以，他只好妥协，答应蓄发还俗，回宫继续当皇帝。

可以说，顺治确实当过和尚。不过，为期只有八天。

四、皇上去哪儿了

顺治出家失败后没多久，就传出了一个新消息：年仅8岁的爱新觉罗·玄烨登基。那么，顺治究竟去哪儿了？

许多人怀疑，顺治上次出家未果，耿耿于怀，这次真的不当皇帝，出家当和尚了，甚至云游四方，在五台山等地的寺庙待过。有些文学作品和电视剧甚至在这种说法的基础上，演绎出了许多离奇的秘史、野史。

顺治出家的说法，最重要的证据是一首署名福临的题壁诗，收录在《清诗纪事》里，其中有这样的诗句：

我本西方一衲子，因何流落帝王家？
十八年来不自由，江山坐到几时休？
我今撒手归山去，管他千秋与万秋！

这几句诗的意思是，我本是西方极乐世界的僧人，为啥会流落到帝王之家。十八年来活得不自由，这江山究竟要坐到什么时候才是个头！今天我要撒手告别皇位，回到山林之中，管他外面的世界怎么样！

顺治在位十八年，的确过得不如意。从口气上看，真有点像顺治所写。不过，光凭这首诗，还是没法证明顺治最后出家当和尚了。虽然署名福临，但也保不齐是冒牌的，或者是后人穿凿附会的。另外一种可能是，顺治在第一次出家时，就写过这样的诗，被后人知晓后抄录在寺院的墙壁上而已。

虽说证据不足，但人们宁愿相信顺治的下落是出家，因为这样的结局很奇特，很有戏剧性。不过，历史事实并不总是这样离奇。学术界经过多年考证，比较一致的结论是顺治死于天花。

故事大概是这样的：

顺治没当成和尚，总觉得有些遗憾。于是，他让最得宠的贴身太监吴良辅到悯忠寺出家为僧，替自己了结当和尚的心愿。顺治十八年（1661年）正月初二日，顺治驾临悯忠寺，参加了吴良辅的剃度仪式。

当八天和尚就还俗，这么一折腾，顺治非但没舒心，反倒更糟心。人是回到了皇宫，心却早已离了尘世。

文献记载，顺治一直患有肺结核等慢性病，身体底子不太好。童年的郁闷经历，让他的精神始终萎靡不振。顺治十六年（1659年）以后，可能是江宁被围、幼子夭折、爱妃去世这些烦心事，让他的心理备受打击，逐渐变得神经衰弱，身体每况愈下，看起来骨瘦如柴，根本不像二十几岁的壮年小伙。

董鄂妃死后，顺治举行了长达七七四十九天的葬礼，这样长时间的折腾和消耗，让他的身体和精神都雪上加霜，免疫力进一步下降。我觉得，葬礼之后就选择出家，起码客观上能逃避喧闹、让自己沉静下来，或许有可能恢复元气，让身体好起来。遗憾的是，出家也没成，还闹了一场风波，让他的情绪变得更坏了。

这些因素叠加在一起，把他推向了可怕的深渊：顺治十八年（1661年）初，即出家风波结束不久，他患上了当时最可怕的传染病——天花。

来自关外的满族人对天花病毒缺乏免疫力，因而每年冬春时节，顺治都要到南苑去避痘。可是，顺治十七年（1660年）的冬天，顺治非但没去避痘，反而为爱妃的葬礼和自己剃度的事弄得疲惫不堪，天花病毒就趁虚而入了。对于成年满族人来说，一旦染上天花，几乎没救。

按照《清世祖实录》记载，顺治从发病到去世的时间很短。正月初二日下午，参加完吴良辅的剃度仪式后，顺治就感觉不舒服。第二天就有了出痘症状。正月初五病症加剧，正月初七半夜便撒手人寰。发病急，来势猛，死得快，正是天花的典型特征。

正月初六日，孝庄太后“传谕民间：毋炒豆、毋燃灯、毋泼水”。这些都说明，顺治确实得了天花。

还好，顺治知道自己来日无多。正月初六日的半夜，他把内院学士王熙叫到养心殿，口授末命，请其记录。王熙听罢，就到殿外书写。每写完一条，就送到御前修改。花了一天一夜的时间，多次修改，直到初七日傍晚才算定稿。几个小时后，他就死去了。

王熙草拟的遗诏，传递了三个重要信息：

第一，立皇三子玄烨为皇太子。这就是后来著名的康熙皇帝。年仅8岁玄烨被选为太子的理由很简单：他得过天花，虽然在脸上留下了浅浅的痘疤，但幸而不死。在时人看来，这是上天的眷顾，是有福之人。其他皇子还没得过，将来一旦患上，保不齐就没命了。

第二，太子年幼，由索尼、苏克萨哈、遏必隆、鳌拜等四大臣辅政。

第三，顺治死后，由行森和尚主持，按照佛教的规矩火化遗体。

可是，顺治没有想到，自己尸骨未寒，遗诏便被篡改，变成了罪己诏。新的遗诏以顺治的口吻，对此前的改革进行了批评和忏悔，宣布废除几乎所有改革措施，恢复旧的制度。很明显，这是八旗贵族的反攻倒算，也说明顺治改革的步子确实迈得太大，脱离实际。顺治的遗憾，留到康熙亲政之后才逐步消除。

五、悠远影响

皇上找到了，虽然结局不太好，但大家总算可以长出一口气了。当我们平静下来，发现顺治下落之谜留下的启迪还是很可贵的。

第一，文学启发。《红楼梦》里的贾宝玉在林黛玉死去后悲愤异常，决定抛弃荣华富贵，遁入空门当和尚。我们知道，《红楼梦》的作者是曹雪芹，其祖母是康熙的乳母之一。曹家在康熙年间担任江宁织造，深受皇恩，荣宠之至。曹雪芹这么写，或许就受到了顺治出家的启发。

所以，文学创作是可以源于生活、高于生活的。要想写出既叫好又卖座的文学作品，文学工作者应当博闻强识，通晓各方面的知识；应当注意积累，处处留心；应当增长阅历，通过更多的生活体验来感悟。

第二，性格传承。短暂的几天出家风波，将顺治的执拗性格展现得淋漓尽致。这个性格特点不仅伴随了顺治一生，而且代代相传。康熙、雍正、乾隆等皇帝，在某种时候都表现得很偏执、很固执，对清朝历史的走向产生了深刻影响。比如，雍正执意要出版《大义觉迷录》，向全天下辩白自己的继位合法。反倒把各种小道消息公诸于众，弄得越抹越黑，声誉扫地。

所以，任何偏执、固执的性格，都不利于塑造健全的人格和健康的心理。宋代政治家范仲淹说过，“不以物喜，不以己悲”。我们应当保持豁达的胸襟、平和的心态、宽广的视野和现实的眼光，不急不躁、不紧不慢、泰然处事，让自己活得更快乐、更潇洒，这样不是挺好吗？

第三，改革精神。顺治之所以厌倦尘世，跟改革受阻有很大关系。改革，既要有壮士断腕的决心，又要有长袖善舞的技巧。要在革除弊端和维系稳定之间寻求适当的平衡。做到这些并不容易，但又必须做到，否则改革的阻力会很大。在当时的社会环境里，顺治的改革显然操之过急，超越了满洲贵族群体的承受水平。所以，他一下台，改革措施立即废除。

顺治的改革虽然夭折，但改革的精神不死。康熙亲政之后，顺治改革的许多措施不仅得以恢复，还得到了进一步的发展。随着经济恢复和民族融合的加强，满洲贵族对改革的抵触情绪逐渐降低，不少人转而开始支持改革。阻力的减少，成为康熙改革取得成功、推动清王朝走向盛世的因素之一。此后，清朝历代皇帝都推行了兴利除弊的改革措施。雍正朝的耗羡归公、摊丁入地，同治光绪朝的洋务运动、戊戌变法、清末“新政”和预备立宪，都是非常大胆的改革。可以说，改革精神贯穿清王朝始终，让它历经风雨飘摇而不倒，维系了三百年之久。

在几千年的中国历史上，顺治皇帝无疑是个另类，他的出生、死亡、爱情、事业，还有他短暂的一生，都充满了传奇色彩。他命运多舛，他多愁善感，他浪漫惆怅，他率性固执。他可以为美人不要江山，他可以为佛学放弃皇位，他不愧“行痴”的法号。

在那个寒冷的夜晚，少年天子福临撒手人寰，飘向佛国。但愿他在极乐世界不再郁闷，不再执拗，过得潇洒，实现梦想。

顺治名片

姓名：爱新觉罗 · 福临（1638–1661年）

职业：清朝第三位皇帝，第一位在北京称帝的皇帝

父亲：清太宗皇太极。

生母：博尔济吉特氏（孝庄太后）

排行：第九子

出生地：盛京皇宫永福宫（位于今沈阳故宫博物院）

代表作：《顺治皇帝出家偈》

启蒙老师：范文程、汤若望、玉林通琇

最爱的人：董鄂妃

最恨的人：多尔衮

家庭成员：4位皇后（其中佟佳氏、董鄂妃为追封），7位正妃，8位庶妃，8个儿子，6个女儿，3个养女

性格特色：胸怀大志、追求进取，浮躁易怒、任性放纵

参考文献

《清世祖实录》（影印本），北京：中华书局，1985年。

《清史稿·世祖本纪》（标点本），北京：中华书局，1977年。

孟森：《清初三大疑案考实》，桂林：广西师范大学出版社，2010年。

[德]魏特著，杨丙辰译：《汤若望传》，上海：商务印书馆，1949年。

[美]魏斐德著，陈苏镇、薄小莹译：《洪业：清朝开国史》，北京：新星出版社，2013年。

第二集 决定康乾盛世的那一夜

电视剧《甄嬛传》在海峡两岸持续热播。陈建斌先生扮演的雍正皇帝一反传统形象，儿女情长多过坚毅威严，俨然一副“情圣”的模样。不过，历史上的雍正帝并非如此，他没太多时间沉溺后宫、打理琐事，而是把几乎所有的时间都用在了政务上，兢兢业业，不知疲倦。

一百三十八年的康雍乾三朝，雍正朝虽然只占了短短的十三年，但是雍正皇帝凭借自己的勤勉敬业和锐意创新，不但保住了康熙打下的基业，而且为即将到来的盛世，奠定了坚实的基础。可以说，没有雍正的承前启后，就没有康乾盛世的继往开来。

雍正之所以如此勤政，之所以敢于创新，除了因为清朝皇帝一以贯之的传统，还由于他无时无刻不在政敌的包围中，一个人在战斗。而这一切，与他登上皇位的过程有直接关系。

雍正是怎么继位的？人们众说纷纭。直到今天，这仍然是个未解的清宫之谜。

有人说是篡位，有人说是夺位，有人说是正常继位，也有人说是老皇帝临终前改了主意，把皇储换成了他。雍正继位之后的种种作为，也给外界留下了许多话柄。

那么，真相到底是什么？弄清楚雍正继位的真相，究竟有什么用呢？如果雍正没有成功继位，清王朝将何去何从呢？

多年前，阎崇年先生在《清十二帝疑案》中，曾简要分析了这个谜案，列出了学术界的几种看法。那么，到底哪一种更靠谱？有没有更新锐、更可靠的解读呢？

这一切，还要从康熙皇帝驾崩的那个夜晚说起。

一、从《清圣祖实录》记载的那个神奇的一天说起

康熙六十一年（1722年）十一月十三日，北京西郊的畅春园，演出了一幕清朝近三百年历史上最惊心动魄、最扑朔迷离、最有戏剧性的皇位传承大戏。

那一天，康熙帝在弥留之际，对皇位继承人做出了最后抉择。《清圣祖实录》记载了这幕国家最高权力交接的历史场景：

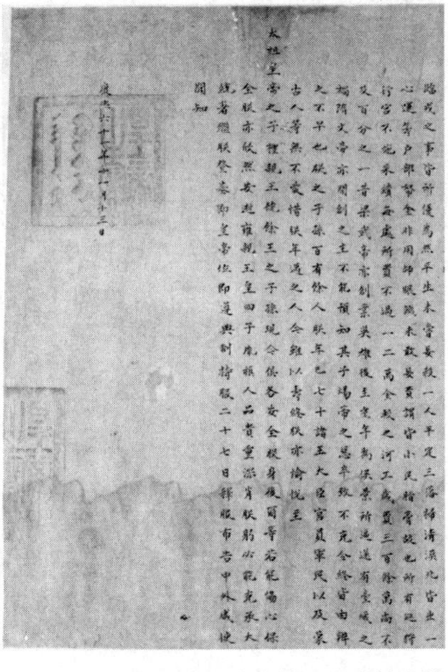

康熙遗诏，现藏于中国第一历史档案馆

> 丑刻（凌晨2点），康熙帝病情急剧恶化，传旨把正在天坛替他主持祭天活动的四阿哥胤禛赶紧叫回来。
>
> 寅刻（凌晨4点），康熙帝把皇三子诚亲王胤祉、皇七子淳郡王

胤祐、皇八子贝勒胤禩、皇九子贝子胤禟、皇十子敦郡王胤䄉、皇十二子贝子胤祹、皇十三子胤祥、理藩院尚书隆科多叫到床前，当众宣布：“皇四子胤禛人品贵重，深肖朕躬，必能克承大统。著继朕登基，即皇帝位。”

巳刻（上午10点），胤禛匆匆赶回，进入寝宫。“（皇）上告以病势日臻之故。是日，皇四子胤禛三次进见问安。”

戌刻（晚上8点），康熙帝在寝宫驾崩。

在这段叙述中，至少存在五点疑问：

第一，祭天是皇帝分内之事，皇帝缺席，可派皇子代替。不过，康熙帝为何单单选派了第四子胤禛呢?

第二，宣布皇储为胤禛时，当事人胤禛为何不在现场?

第三，康熙膝下子女如云，大臣众多，为何只选这七个儿子和大臣隆科多来聆听临终遗言?

第四，畅春园位于今北京大学西门对面，距离天坛二十多公里。当时虽然城里路窄，但没有红绿灯和交通拥堵，骑马穿行的话大概三个小时就能打个来回。但从康熙派人去叫，到胤禛赶回畅春园，经历了八个小时。在这漫长的八个小时里，胤禛究竟在忙什么?

第五，胤禛赶回畅春园，到康熙帝驾崩，还有十个小时。期间康熙帝对他讲了自己的病情，说明在这段时间内康熙帝的神智还比较清醒。可是，既然这期间胤禛三进寝宫，《清圣祖实录》却没再提皇储人选的事。这是为什么呢？在这十个小时里，康熙帝父子俩人之间，究竟发生了什么？康熙帝对胤禛说了哪些话，竟连《清圣祖实录》都没能记录下来呢?

大家都知道，《清实录》是记述清代皇帝言行最权威的官修史料汇编。一般来说，每代皇帝都会组织最强阵容编写前朝皇帝的实录，述评政绩，彰显正统。所以，《清实录》虽有为尊者讳的情况，但总的来说还是贴近事实的。

因此，尽管这段史料疑点重重，但我们在讨论雍正继位的种种谜团时，不仅离不开它，还要立足于它，找寻更多资料，旁征博引，充实证据。做好这一切的前提，当然是首先弄清故事的来龙去脉。

二、曲折离奇的储位斗争

在封建王朝，皇储人选的归属被视为“国本”。为了争到这个“国本”，多少人深陷其中，甚至以鲜血和生命为代价。一些朝代由于没处理好“国本”问题，把看起来还算稳固的统治弄得天翻地覆，甚至一蹶不振，走向灭亡。清王朝最初也没能逃脱这个魔咒。

清朝入关前，新君主都是由贵族开会商定。不同派别的贵族，为了推举自己或是自己的代理人上位，经常是剑拔弩张，你死我活，险些酿成流血冲突。

清朝入关后，逐步学习和接受汉族文化。鉴于前代教训，康熙帝采用了汉族王朝的嫡长子继承制，很早就立皇二子（嫡长子）胤礽为皇太子。让其他觊觎皇位的强人早早地就断了念头。

为了培养这个孩子成才，康熙帝特地派几个德高望重的大臣去当老师，悉心辅导，费尽心血。

一开始，太子胤礽还算听话。可是，时间一长，老师们先后退休、故去，身边没人管教了，太子胤礽就变得放纵了。

客观地讲，出现这样的情况也不能全怪他。作为皇太子，虽然接班是迟早的事，但还是希望趁年轻早日登基。可胤礽发现，父皇在位太久（61年），寿命太长（69岁）。自己等了三十多年，还是个太子，当然很郁闷。有时候就发牢骚，有时候就做点出格的事发泄。偶尔出格，偷偷出格，似乎问题不大。然而，一旦所作所为突破了康熙帝的心理底线，那麻烦就大了！

康熙帝的心理底线是什么呢？就是儒家文化最基本的信条——“忠孝仁义”。

先说“孝”。俗话说，“百善孝为先”。在康熙帝看来，这是排在第一位的道德要素。胤礽恰恰就在这方面率先丢分。一次，康熙帝出征在外，身染重病，卧床不起，胤礽前去请安，看到父皇病体未愈，脸色难看，他竟然毫无伤感之情。此情此景，让人到中年的父亲很不高兴，觉得这小子“绝无忠爱君父之念”，父子之间的裂痕就此产生。

再说“忠”。“忠君”理念的核心，就是一切行动听皇帝指挥，不要搞自由、拉山头。康熙帝深知，派系倾轧是明朝灭亡的一大教训。他本人也曾深受权臣鳌拜之苦，最讨厌大臣结党、权臣当道。

可是，胤礽恰恰就往枪口上撞，父皇不喜欢什么，他偏要做什么。一些朝中大臣纷纷聚拢到他周围，形成太子党，其领袖索额图，既是他的舅舅，又是内阁首辅（保和殿大学士），亲上加亲，权倾朝野。

对康熙帝来说，这样的局面是他不愿看到的。在他看来，这是对皇权实实在在的威胁。于是，康熙四十二年（1703年），康熙帝断然决定圈禁索额图，斩断了胤礽的左膀右臂。太子党土崩瓦解，迅速凋零。

然后说“仁”。这个字，字体结构从“人”从“二”。从字面上解释，就是两个人在一起，引申为亲近、友爱。正所谓“仁者爱人”，但这绝不意味着两个人凑在一起可以胡来。康熙朝后期，采买江南女子似

索额图画像

乎成了满洲贵族圈子里的时尚，皇子们也不例外。

于是，或是家奴出钱购买，或是当地官员送上，搞得宫廷内外奢靡之风盛行。这让康熙帝很反感，于是派人暗查。结果不查不知道，一查吓一跳。九阿哥胤禟和太子胤礽都好这口，干过这事。康熙帝很生气，觉得这俩儿子凑--块儿根本不是“仁”，而是“井”——横竖都是二。

最后说“义”。这个字经常被用来形容“兄弟之情”，比如“桃园结义”“三侠五义”。康熙帝担心手足相残的惨剧在他死后重演，所以很看重阿哥们对待兄弟的态度。

康熙四十七年（1708年）九月，8岁的十八阿哥胤衸身染重病，生死一线。康熙帝忧心忡忡，胤礽却幸灾乐祸。对于父皇的训斥，他非但不服，反而顶嘴。就在这时，康熙帝收到一份密报，说太子一直派人暗中监视行宫动静，图谋不轨。

我们常讲“底线思维”。底线是不能轻易逾越的，否则后果很严重。可是，胤礽无视康熙帝的四条底线，轻易突破，让老皇帝没了安全感。这下，康熙帝忍无可忍，传旨剥夺了他的太子身份。老皇帝苦心栽培多年的对象，就这样倒掉了。

就在康熙帝内心极度苦闷、凄凉的同时，由于太子之位突然悬空，皇长子胤禔、皇八子胤禩先后跳了出来，拉拢王公大臣，各自组成强大的政治“粉丝团”。胤禔奉命看管废太子胤礽，却让巫师诅咒其早死；

胤禩广交权贵，宣扬自己是“八贤王”。

很显然，胤禔谋害弟弟，触犯了“义”的底线。胤禩则是结党营私，触犯了“忠”的底线。这些都是康熙帝无法接受的。结果，胤禔被圈禁，胤禩被疏远，跟胤禩同党的胤禟、胤䄉也连带倒了霉。如此说来，胤禔和胤禩的失意，纯粹是咎由自取。

胤禩失宠后，康熙帝突然意识到，如果太子之位长期空置，其他皇子就会觉得有机可乘，纷纷跃跃欲试。这只能加剧朝廷的政争和混乱。而年事已高的康熙帝想要的是“务求安静”“持盈保泰”，不希望乱，更不希望祸起萧墙。于是，他只好决定把太子之位填上，绝了大家的念想。

找谁填呢？康熙帝觉得，废太子胤礽被关了多日禁闭，或许已有悔改之意。很多大臣也奏请恢复他的太子名分。既然如此，康熙帝就顺水推舟，将胤礽放了出来，重新立为太子。

太子复位，不管怎么说，都是一件可以改善康熙帝心情的好事。事实上，康熙帝确实很高兴，还决定对其他皇子大加封赏，以示笼络。于是，康熙帝封皇三子胤祉为诚亲王，封皇四子胤禛为雍亲王，封皇五子胤祺为恒亲王，其他儿子则分获郡王、贝勒、贝子的头衔。

可是，胤礽恢复太子之位后，继续串联大臣，又形成了新的太子党，毛病依旧，屡教不改。康熙帝很失望，没多久又把他废掉了。

这次，胤礽算是彻底倒了，再无翻盘机会。为什么这样说呢？因为康熙帝的谕旨包括了两层意思：

第一，废掉太子胤礽，是因他“狂疾未除，大失人心”。一个失去人心的皇储，怎能有资格成为统领天下的皇帝呢？

第二，“若有奏请皇太子已经改过从善，应当释放者，朕即诛之”。意思是，谁给胤礽求情，我就杀谁。君臣父子，恩断义绝。此后，虽然依旧有人建议立太子，但没人再敢提胤礽二字。

太子之位再次悬空，封亲王的三个阿哥理应成为皇储的热门人选。这三个亲王里，胤祉热衷于天文历算，胤祺能力平平，两人都不被看好。似乎只有胤禛还有戏。

难道，真命天子就该是胤禛吗？

三、十四阿哥的传说

就在胤祉、胤禛等人受封亲王的同时，十四阿哥胤禵被封为贝子。虽然爵位低了点，但考虑到十三阿哥胤祥什么爵位都没捞到，胤禵的这个贝子就弥足珍贵了。那么，康熙帝为何要封胤禵为贝子呢？

胤禵是四阿哥胤禛的同母弟弟。虽是一奶同胞，性格却完全不同。相对于胤禛的低调为人，胤禵年纪轻轻，血气方刚，比较高调，很快就脱颖而出，其原因不外乎三个方面：

一是兄弟义气。胤禵曾是胤禩集团的重要成员。胤禩倒霉时，他先是出面力保，接着言语顶撞，惹得老皇帝差点动刀子。可时过境迁，康熙帝反倒觉得胤禵讲义气、有血性、靠得住，将来有可能善待兄弟，避免内乱。

二是年龄合适。历代皇帝多短命，阳寿超过60岁的都不多见。所以，康熙帝认为，人到中年很可能精力不济、朝不保夕，即便当了皇帝，在位时间也长不了。康熙帝驾崩时，胤禵才35岁，风华正茂，在所有皇子里年龄最合适。

三是人脉巩固。胤禩失宠后，带着自己的朋友圈迅速成了胤禵的拥趸。不过，胤禵在拉帮结派这方面要高明得多，处处小心谨慎，约束言行，不刺痛康熙皇帝敏感的神经。

现在，胤禵最缺的只有威信了。而在当时，要想立威，只有打仗立功。

康熙五十七年（1718年），西北准噶尔部军队攻陷西藏，大有与清朝争夺天下之势。康熙帝年事已老，不便亲征，就任命胤禵为抚远大将军王，率军西征。不过，由于是越级提拔，这个王爵没有封号，只享受相应待遇。然而，这个“待遇”却是空前的。

第一，胤禵“用正黄旗之纛，照依王纛式样”，是以皇帝亲征的规格出征。这在清前期皇子挂帅出征的历史上，是空前的待遇。

第二，康熙帝为胤禵举行了隆重的欢送仪式。“出征之王、贝子、公等以下俱戎服，齐集太和殿前。其不出征之王、贝勒、贝子、公并二品以上大臣等俱蟒服，齐集午门外。大将军胤祯（即胤禵）跪受敕印，谢恩行礼毕，随敕印出午门，乘骑出天安门，由德胜门前往。诸王、贝勒、贝子、公等并二品以上大臣俱送至列兵处。大将军胤祯望阙叩首行礼，肃队而行。”这样的出征架势，在清朝历史上是非常罕见的。

第三，康熙帝向青海的蒙古王公传旨说：“大将军王是我皇子，确系良将，带领大军，深知有带兵才能，故令掌生杀重任。尔等或军务，或巨细事项，均应谨遵大将军王指示，如能诚意奋勉，既与我当面训示无异。尔等惟应和睦，身心如一，奋勉力行。”这份谕旨，相当于给胤禵授予了在前线任意调配资源、号令一方的至高权力。

历史上，打仗不仅是老皇帝培养皇储的手段，更是皇太子本人积累威信的渠道。康熙帝子孙众多，偏选胤禵出征，还给了这么高规格的三个待遇，其用意不言而喻。

可胤禵呢，似乎心思并没有完全放在打仗上。虽然人在前线，但还是挂念北京的局势。临行前，他嘱咐胤禟打探父皇的健康状况，还买通康熙帝身边的宦官，随时了解康熙帝的动静喜怒。

在西北期间，胤禵一面指挥打仗，一面找人给自己算命，得出了这样的结论：

元武当权，贵不可言，将来定有九五之尊，运气到三十九岁就大贵了。[1]

其实，胤禵39岁时，非但没当上皇帝，反而被削去爵位，顶着十四条大罪成了囚徒。显然，算命先生纯粹是瞎掰。可醉心于皇权的胤禵，恰恰就信这个。

康熙六十年（1721年）十一月，胤禵奉旨回京述职，交出了这样的成绩单：

西北战场，清军进展迟缓，将士屡有病死；西南战场，清军节节获胜，已经占领拉萨，赶走了盘踞西藏的准噶尔军队。

胤禵作为统帅，居中调度，当然有功。真要在述职期间被立为太子，也是顺理成章的。即便不急于立为太子，只要确是皇储意中人，外派锻炼的目的也已达到，就该让他留在京城，总揽全局，以备不测。就算不再是意中人，那也该将他削去兵权，以绝后患。

半年过去了，胤禵等得花都开了，既没等来晋升太子的消息，也没被剥夺兵权。次年四月，他奉旨离京，重返前线。

难道康熙帝对胤禵的战功还不满足吗？当年康熙帝御驾亲征，都

[1] 故宫博物院文献馆编：《文献丛编》第一辑，《允禩允禟案·张恺供词》，北京：故宫博物院出版物发行室，1930年。

没能彻底消灭准噶尔部，如今指望一个毛头小伙去做得更好，怎么可能呢？

其实，胤禵身上的一个污点常被忽视：他不仅拉帮结派，而且给胤禩和胤禟分别送去白银二十万两和六万两，相当于亲王年俸的几百倍。如果没有贪污受贿，怎能出手如此阔绰？这样的皇子，康熙帝敢放手让他治理天下吗？

无论怎样，十四阿哥这一去，竟是跟父亲的永别。当他再度回到紫禁城时，见到的只是装着康熙帝冰冷尸体的豪华棺椁。

可以说，无论康熙帝对胤禵有多少好感，在康熙六十一年（1722年）十一月十三日那个凄冷的夜晚，胤禵并不在北京，实际上断绝了他继承皇位的可能性。

四、胤禛为什么会赢

就在储位斗争激战正酣之际，四阿哥胤禛似乎只在袖手旁观。其实，他和他的智囊们并没有闲着。太子之位空出来了，胤禛也想捷足先登。可是，他不愿重蹈胤禔和胤禩的覆辙。想当皇帝，必须悠着点，跟智囊们多做谋划，下好每一步棋。

康熙五十二年（1713年），谋士戴铎给主子胤禛写了一封信，分析形势，讲明利害，针对康熙帝的四条底线，提出了谋取皇位的“十六字方针”：

孝以事之，诚以格之，和以结之，忍以容之。[1]

“孝以事之”，就是要对父皇表现得更孝顺，不做作，千方百计博得他的好感。

“诚以格之”，就是对大臣以诚相待，不结党，不结怨，同时秘密培植自己的人脉圈。

“和以结之”，就是妥善处理与兄弟们的关系，在储位斗争中不冒头，不掺和，跟大家和平相处。

“忍以容之”，就是对自己看不惯的人和事，要学会容忍，等待时机，后发制人。

看了这封书信，胤禛给出了怎样的评价呢？他在书信上批了这样一段话：

语言虽则金石，与我分中无用。我若有此心，断不如此行履也。况亦大苦之事，避之不能，尚有希图之举乎？至于君臣利害之关，终身荣辱之际，全不在此，无祸无福，至终保任。汝但为我放心，凡此等居心语言，切不可动，慎之慎之。[2]

胤禛的意思是，当皇帝是个苦差事，自己根本没这念想，只愿平安度此一生，所以“十六字方针”没什么用。表面看来，这话是在百般推脱，其实却是话里有话。起码，胤禛承认十六字方针是“金石之言”，

[1] 故宫博物院文献馆编：《文献丛编》第三辑，《戴铎奏折一》，北京：故宫博物院出版物发行室，1930年。

[2] 故宫博物院文献馆编：《文献丛编》第三辑，《戴铎奏折一》，北京：故宫博物院出版物发行室，1930年。

强调眼下时机未到，“切不可动，慎之慎之”。此后的十年间，胤禛的言行基本遵循了这“十六字方针”。

康熙帝废掉太子后曾大病一场，胤禛“冒死择医”，服侍左右，“日加调理”，表现得很孝顺、很体贴。康熙帝痊愈后，公开表扬胤禛“能体朕意，爱朕之心，殷勤恳切，可谓诚孝”。康熙帝恐怕心里觉得，如果选他继位，起码能让自己善终。

胤礽被废，阿哥们落井下石，胤禛却仗义执言，奏请保护；胤禩获罪，又是胤禛出来求情；康熙帝封赏诸皇子时，胤禟、胤禵只封了贝子，胤禛提出情愿降低封爵，跟兄弟们有福同享。这些言行，康熙帝看在眼里，记在心中，称赞他“性量过人，深知大义”。此时康熙帝恐怕心里觉得，如果选他继位，起码可以保全兄弟。

胤禛对大臣们既不得罪，又保持适当的距离，以免落下结党的口实。别的阿哥跳出来争风吃醋，胤禛作壁上观，躲过了所有的政治风暴。他经常跟和尚道士往来，过清心寡欲的生活，写书宣扬看破红尘、与世无争的思想，塑造“天下第一闲人”的贵族形象。

胤禛是个急脾气，康熙帝经常训诫，还以“戒急用忍”四字相赠。总的来说，康熙帝生前的最后几年，胤禛大体保持了克制和低调。

其实，胤禛的这一切都是装出来的。他迎合老皇帝的心理，用“忠孝仁义”掩盖了野心，欺骗了所有人。他参与了多次政治军事行动，阅历非常丰富，决非“第一闲人”。他暗中勾连内外大臣，比如川陕总督年羹尧、理藩院大臣兼步军统领隆科多、十三阿哥胤祥、闽浙总督满保、四川巡抚蔡珽、四川布政使戴铎等人，结成了巩固的政治集团，圈子虽小，实力强劲。

胤禛还把“爷孙亲情”这一资源发挥到了极致。康熙帝晚年爱住畅春园，还把附近的皇家园林赐给儿子们，其中圆明园就给了胤禛。康熙帝还经常驾临圆明园游玩，纾解储位之争造成的郁闷。胤禛顺势而为，隆重推出了自己的爱子弘历。

康熙六十一年（1722年）春，康熙帝到圆明园赏花，心情愉悦。胤禛趁机告诉他有弘历这么个孙子，聪明乖巧、博闻强识。康熙帝大喜，马上召见，甚是喜爱，下令送宫中养育。康熙帝有一百多个孙子，能够享受这一待遇的，除了弘历，只有废太子胤礽的次子弘晳。而弘历的生母钮祜禄氏，则被康熙帝称赞为“有福之人”。康熙帝还给胤禛亲笔写了“五福堂”的牌匾。胤禛一家可谓备受荣宠。

弘历为何能得到皇爷爷的喜爱呢？除了长相端正、谈吐不俗之外，还有个重要因素，就是弘历的生辰八字出奇得好。他是康熙五十年八月十三日子时出生，换算成天干地支，就是辛卯年丁酉月庚午日丙子时出生。因此，弘历的生辰八字就是“辛卯、丁酉、庚午、丙子”。对于这八个字，当时的算命家是这样评价的：

此命贵富天然，这是不用说。占得性情异常，聪明秀气出众，为人仁孝，学必文武精微。幼岁总见浮灾，并不妨碍。运交十六岁为之得运，该当身健，诸事遂心，志向更佳。命中看得妻星最贤最能，子息极多，寿元高厚。[1]

在算命先生看来，弘历是个富贵命，性格好、品行好、学问好、志向好、运气好、老婆好、身体好、孩子多、寿命长。这次，算命先生说对了。弘历是中国最长寿的皇帝，结发妻子富察氏是贤妻楷模，生前恩爱夫唱妻和，死后追封孝贤皇后；弘历一生励精图治，缔造了“十全武

[1] 故宫博物院文献馆档案：《乾隆八字》批语。

功”，成就了康乾盛世，把清王朝推向了顶峰，自己也出尽了风头。

我们不推荐算命技巧，也不宣传封建迷信，只是强调，在那个讲究迷信的年代，任何帝王都希望皇位永固、千秋万代。在选拔皇储时，生辰八字是会一并考虑的。康熙帝思考问题，常常着眼清朝的战略利益和百年大计。在选择接班人时则兼顾第三代，也就不足为奇了。

前面说过，历代皇帝中鲜有活到60岁以上的。康熙帝驾崩之年，胤礽49岁，胤禛45岁。新皇帝继位之后怕是来日无多，只能充当过渡性的角色。谋划其后的接班人选也就很有必要。康熙帝相中了弘皙和弘历。可惜，胤礽-弘皙组合因为胤礽的不中用而黯然失色，反倒是胤禛-弘历组合，看起来不坏。对于康熙帝来说，在这两组中选的话，胤禛-弘历组合显然更好。

可是，让胤禛当了皇帝，他就一定会选弘历接班吗？通过“爷孙感情”来判断皇位的归属，是不是一厢情愿呢？十一月十三日的晚上，到底发生了什么？康熙帝在病榻前跟胤禛说了什么？胤禛又做了什么呢？

五、十一月十三日发生了什么

一般来说，凡是历史上的重大悬案，第一手的官方核心资料早已销毁或涂改，雍正继位也不例外。像《清圣祖实录》这样的史料，虽然“很官方”，虽然“够权威”，但它成书于雍正年间，难免为尊者讳，留下诸多疑点。

要想揭开谜团，还原历史，或许得求助于那些写作时受政治因素影响较小，有条件如实反映历史真相，而且没有被销毁或涂改的第一手资料。这样的资料，主要是当时的私人笔记和外国人记述。它们的可信度比较高。

私人笔记和外国人记述，究竟能提供哪些有价值的信息呢？

清代学者萧奭写于乾隆十七年（1752年）的私人笔记《永宪录》里，对雍正继位的过程记载说，康熙本来是偶感风寒，浑身出汗，传旨十一月初十日到十五日就在畅春园斋戒静养，不办公务了。没想到十三日就驾崩了。康熙死后，侍卫们把皇帝遗体装入御用车驾，抬回紫禁城。后面的这句话最关键：

相传隆科多先护皇四子雍亲王回朝哭迎，身守阙下。诸王非传令旨不得进。次日至庚子，九门皆未启。又上大渐，以所带念珠授雍亲王。[1]

隆科多先护送胤禛回紫禁城守灵，其他阿哥非经传旨不得进宫。其后六天，京城九门紧闭。此外，康熙帝临终前，将所带念珠交给了胤禛。

《永宪录》的这段记载和《清圣祖实录》大体差不多。《清圣祖实录》里出场的隆科多兼任步军统领，掌管京城卫戍，有能力封闭京城九门，护送胤禛回宫。

意大利传教士马国贤在《清廷十三年》这本见闻录中，描述了十一月十三日当晚的见闻：

晚饭后，我在皇上叔父的屋子里正和安吉洛神父聊天，我听到一种低沉连续的嘈杂声，仿佛是夹杂着从皇宫中传出来的一些声音。由于

[1]　[清]萧奭：《永宪录》（标点本），卷一，北京：中华书局，1997年。

了解这个国家的风俗，我立即把门锁好，并对我的同事说，不是皇帝死了，就是北京爆发了武装叛乱。为了证明我自己关于动乱原因的猜测，我爬到寓所墙上。这墙位于一条大路旁边，我惊讶地见到无数骑兵互相谁也不说话，正向各个方向狂奔。我终于听到在我脚下有几个人说，康熙皇帝驾崩了。后来我听说御医们断定皇上患的是不治之症后，他便下旨任命第四子胤禛作皇位继承人。[1]

马国贤曾向中国传授铜版印刷术，印制了精美的避暑山庄图，受到康熙皇帝青睐，跟许多贵族大臣的关系也不错，因而了解许多宫廷内幕，将其写成日记和书信，送往罗马教廷。他的所见所闻，印证了当晚京城戒严、军队进驻的情况。

康熙驾崩后，朝廷依例遣使向朝鲜等藩属国宣读讣告。朝鲜派去迎候的使臣金演，从清朝使臣的翻译那里，得到了这样的情报：

康熙皇帝在畅春园病剧，知其不能起，召阁老马齐言曰："第四子雍亲王胤禛最贤，我死后立为嗣皇。胤禛第二子有英雄气象，必封为太子。"仍以为君不易之道，平治天下之要，训诫胤禛。解脱其头项所挂念珠与胤禛曰："此乃顺治皇帝临终时所赠朕之物，今我赠尔，有意存焉，尔其知之。"又曰："废太子、皇长子性行不顺，依前拘囚，丰其衣食，以终其身。废太子第二子朕所钟爱，其特封为亲王。"言迄而

[1] ［意］马国贤著，李天纲译：《清廷十三年：马国贤在华回忆录》，第二十二章，北京：外语教学与研究出版社，2008年。

终。[1]

《李朝实录》是记录当时朝鲜国王重要言行的官方文献，权威性强，内容不受中国国内政治因素干扰。这段话就出自《李朝实录》，它提供了四个信息点：

第一，康熙告诉大学士马齐，自己要传位胤禛，并认为胤禛第二子会成为胤禛的接班人。胤禛第二子就是弘历，胤禛后来果然把皇位传给了他，也就是赫赫有名的乾隆皇帝。这就与前面讲的乾隆生辰八字的故事建立了历史连接。

第二，康熙要马齐对胤禛加以训诫，帮助他当好皇帝。其实，阁老马齐所在的富察氏家族，在清前期一直是显贵。马齐本人也颇受重用，康熙年间就长期担任武英殿大学士，还被御赐“永世翼戴”匾额；雍正年间位列四名总理事务王大臣之一，兼任保和殿大学士，居内阁之首，加封一等轻车都尉军功世职，侄女还指派给弘历当嫡福晋，也就是后来乾隆最宠爱的孝贤皇后。马齐的侄子傅恒在乾隆朝位极人臣，侄孙福康安出将入相，父子同贵，煊赫一时。

第三，康熙把顺治临终前赠他的念珠送给胤禛。这个情节与《永宪录》的记载相仿，个中用意不言而喻。

第四，康熙要胤禛善待废太子、皇长子，并封废太子第二子为亲王。胤禛确实照办了：虽然废太子胤礽和皇长子胤禔被长期关押，死在狱中，但多次得到朝廷的衣食赏赐，胤礽还曾感谢胤禛的“保全之

[1]　《李朝实录》，第三十八册，《景宗实录》，卷十，北京：国家图书馆出版社，2011年。另，朝鲜《承政院日记》的相关记述，与《李朝实录》基本相同，只缺少了立弘历为太子的语句。

恩”；废太子第二子弘晳，先是在雍正继位后被封为理郡王，雍正八年（1730年）晋封为和硕理亲王。

到此为止，十一月十三日的场景基本勾勒出来了，《清圣祖实录》的五个疑点也大体解开了。我们来大致还原一下：

凌晨，康熙帝突然病重，自感不久于人世。留在京城的皇子里，只有胤禛还算令他满意。所以，天坛祭祀之事让胤禛去做，也符合情理。当此危急时刻，在胤禛与胤禵之间，他在仓促间选定了胤禛，以免夜长梦多，身后闹乱子。就这样，他下令把在天坛祭天的胤禛叫回来。

可能是怕自己的身体支撑不了那么久，康熙帝决定在胤禛回来前，先揭晓皇储谜底，让大家心安。叫来听遗言的，都是成年皇子。或许担心谜底揭晓会闹乱子，康熙帝把掌握京城兵权的隆科多也叫来镇场子，当见证人。

胤禛当然知道宫里出了事。之所以拖那么久，恐怕主要是加紧军事部署，以防兄弟们捣乱。准备停当后，他赶紧跑回去看望父皇。一天之内，两人见面三次，康熙帝很可能说了这样的话：明天起你就是皇帝了，但你要当这个皇帝必须满足我三个条件：一是立弘历为太子，二是听马齐的话，三是善待你的兄弟及其子女。

经过了康熙末年的储位之争，雍正的接班人选也成了敏感话题。《清圣祖实录》编纂于雍正年间，当然要回避，以防提前泄密。所以，有关弘历和马齐的信息，在这段记载中刻意抹去了。

雍正帝在传位给乾隆的谕旨里就有这样一句话：

（圣祖）于去年十一月十三日仓猝之间，一言以定大计。圣祖之精神力量，默运于事先，贯注于事后，神圣睿哲，高出乎千古帝王之上。[1]

这里的“一言以定大计”，既有传位雍正的意思，又有安排弘历的意思。否则，雍正没必要在这份谕旨里说康熙帝“默运于事先，贯注于事后”。

康熙帝一死，隆科多立即封闭九门，派兵戒严，直至十一月二十日雍正登基。如果没有当天早上的周密部署，这些事不可能瞬间完成。至于川陕总督年羹尧，坐镇西北，监视胤禵，使其彻底断了继承皇位的念想。所以，隆科多和年羹尧不愧是雍正继位的功臣。

“篡位”是改朝换代、皇帝换姓，胤禛继位不是这种情况；“夺嫡”是其他儿子抢夺嫡子的地位，太子胤礽被废掉后，皇储之争就演化为兄弟们与老父亲的较劲，以及兄弟们之间的乱战。所以，“雍正篡位”“九王夺嫡”的说法都欠妥。

由于一直到康熙帝病危前，胤禵还保留着继位的可能性，所以胤禛的取胜与毫无争议的正常继位也有区别。这样说来，将雍正继位称为“夺位”或许更中性、更客观。我倾向于这样定论。

六、雍正继位何以成悬案

谜底揭晓了，但有些朋友或许还是不服气，觉得这样的解读有猜测的成分，缺乏更有说服力的证据。事实上，雍正继位的直接证据恐怕

[1]　《清世宗实录》，卷一五九，北京：中华书局，2008年影印。

早已荡然无存。留给我们的历史，永远是胜利者书写的。历史学家能做的，就是将这些历史尽可能详加考证，去伪存真，还原真相，贴近事实。

谜底揭晓了，但有些观众还是会对雍正继位的一些传说津津乐道，电视剧也经常拿它们当噱头。比如隆科多篡改传位诏书，把“传位十四子”改为“传位于四子”；又比如胤禛进宫见驾时，进了一碗人参汤，毒死了康熙帝……凡此种种，显然是违背汉语语法和做人常理的说法。大家可能会问：这些传说都是从哪儿冒出来的呢？为什么会举国皆知，流传数百年呢？我想大概有四个原因：

一是宫廷传闻的神秘感使然。当时的交通和通讯条件不太发达，信息透明度不高。宫廷生活更是绝密，不容外传。许多人文化程度不高，又对神秘的事物很好奇，就会道听途说，妄加猜测。于是小道消息满天飞，经常以讹传讹。

二是胤禛全面镇压政敌和功臣。胤禛上台以后，一方面收拾政敌，弄死了胤禩、胤禟，圈禁了胤禵，另一方面收拾功臣，赐死年羹尧，囚禁隆科多。再加上生母乌雅氏抱病身亡。这一系列变故，总让人觉得胤禛心眼太小，容不得人，虽然借此整治了朝廷朋党，但手法形同灭口，背后肯定隐瞒了些什么。

三是胤禩、胤禵的添油加醋。胤禩、胤禵对胤禛的继位心怀怨恨，对胤禛的改革更有微词。为了发泄不满，他们到处散布胤禛毒死父亲、逼死母亲、欺负兄弟的流言蜚语，营造不利于雍正执政的舆论环境，为推翻胤禛积累条件。俗话说，好事不出门，坏事传千里。负面新闻不仅传播速度更快，而且盲从者更多。

四是胤禛对流言蜚语的怪异处置。雍正后期发生了“曾静投书案”。湖南秀才曾静在专著《知新录》和后来的口供里，列举了胤禛的十大罪状，包括“谋父”“逼母”“弑兄”“屠弟”“贪财”“好杀”“酗酒”“好色”“怀疑诛忠”“好谀任佞”，总之就是个暴君。

令人惊讶的是，雍正帝没有回避，而是逐条驳斥，并将曾静的口供和悔罪书，以及自己的辩解一起编辑成书（《大义觉迷录》），印发全国，还派曾静等人到各地现身说法。结果，原本的小道消息写进了官方出版物，搞得众人皆知，事情越描越黑，效果适得其反。雍正帝蒙在鼓里，乐在其中，弘历却觉得不大对头。

等到雍正死后，上台伊始的弘历立即下令处死曾静等人，收缴和销毁《大义觉迷录》。可是，书已畅销全国，怎能完全收回？传言众人皆知，怎能消除影响？“十大罪状”就这么流传至今，成为“雍正继位”变成悬案的要素之一。

七、四点读史体会

雍正继位之谜是清代历史上最复杂离奇的悬案。它给我们留下了许多无尽的精神财富。我从追求事业成功的角度，谈四点体会：

第一，要学会以诚待人、低调做人。

无论在任何时代，孝敬父母、善待兄弟、团结同事，都是社会崇尚的道德品质，可以统称为以诚待人。低调做人、踏实做事、闷声发财，则是做人做事的行为准则。太子胤礽和胤禩、胤禟等人之所以功败垂成，就是因为在这些方面利令智昏，一再出错。胤禛之所以能夺得最后的胜利，正是得益于遵守了这些准则，至少装得很像。

第二，要具有宏观视野、战略眼光。

康熙帝在确立皇储的过程，并没有就事论事，而是浸透着谋划清王朝百年基业的战略思量。

一方面，他要选拔一个锐意进取、敢于担当的接班人，去收拾康熙末年留下的财政亏空、吏治腐败的严重问题，确保清王朝的统治重振旗鼓，再造盛世。胤禩、胤禵都属于看似贤明，实则柔弱的人。而胤禛几次办差，处置贪官污吏和结党大员时，手腕强硬，不徇私情，“乱臣贼子，自有国法”的口号掷地有声。显然，在当时人看来，胤禛是个优秀的救火队员，“聪明天纵，才德俱全，切恩威并济，大有作为”，有能

乾清宫内正大光明匾

力把康熙帝留下的难题解决好。

另一方面，他在考虑接班人能力和素质的同时，兼顾了第三代的可持续性。无论是弘历，还是弘皙，都属于可造之材。康熙帝能有这么长远的战略考虑，被誉为“千古帝王”，当之无愧。有时候，站得高才能看得远，看得远才能把眼前的事安排好，事后不后悔。

第三，要懂得汲取教训、改革创新。

雍正帝继位后，发明了秘密建储制度。既要预立太子，又不明确宣布，而是书写两份相同的传位谕旨，当众封好。一份藏在乾清宫正大光明匾后面，一份随身携带，自己死后才能公布。这是他吸取康熙末年储位斗争的教训后，在皇储继承制度上的改革创新。在那个因循守旧的年代，敢于迈出这一步，更改祖宗制度，创立新的制度，是需要勇气的。

秘密建储的好处是，扩大了接班人的选拔范围，便于暗中观察，优中选优；使所有人猜不到谜底，最大限度地杜绝结党争斗。秘密建储制度对巩固清朝统治产生了积极作用。直至咸丰年间，由于咸丰膝下只有独子，秘密建储制度就无密可保了。而同治、光绪膝下无子，别说秘密了，连建储都费劲。这项制度才算寿终正寝。

第四，过程固然重要，人们更看重效果。

雍正继位后接过来的，是官场倾轧、财政亏空、社会萎靡的烂摊子。经过他的改革和治理，传给乾隆的则是一个政治清明、经济繁荣、国库充盈、蒸蒸日上的帝国。虽然雍正夺取皇位的动机不纯、方式诡异，但这只是老百姓茶余饭后的谈资而已。大家更关心的还是他的政绩究竟给国家、给民族、给官员和百姓带来了什么好处。可以说，雍正统治的十三年，为康乾盛世的持续繁荣和承上启下，打好了基础。如果换由那些言行狂悖、拉帮结派、生活奢靡的皇子当权，这种“承上启下”的效果或许会大打折扣。从这个意义上讲，我们应该充分肯定雍正的历史功绩。

雍正名片

姓名：爱新觉罗·胤禛（1678–1735年）

职业：清朝第五位皇帝，清入关后第三位皇帝

父亲：清圣祖玄烨（康熙）

生母：德妃乌雅氏（孝恭仁皇后、仁寿皇太后）

排行：第四子

出生地：北京紫禁城永和宫

代表作：《大义觉迷录》

重要谋士：戴铎

重要辅臣：胤祥（允祥）、年羹尧、隆科多、张廷玉、鄂尔泰、李卫、田文镜

最热爱的工作：熬夜批奏折

家庭成员：2位皇后（皇后乌拉那拉氏，熹妃钮祜禄氏，其中钮祜禄氏后来追封皇后），2位贵妃（年妃、裕妃），3位妃，1位嫔，6位贵人，8位常在，6位答应。10个儿子，4个女儿，3个养女

性格特色："他刻薄是真刻薄，但不寡恩；冷酷是真冷酷，但非无情。雍正一朝无官不清的说法，也许夸张了点，却是对雍正治国的公正评价。雍正无疑是一个极有个性的人，也是一个杰出的人物。他感情丰富，意志坚强，性格刚毅，目光锐利，而且奋发有为。"——易中天

参考文献

《清史稿·圣祖本纪》（标点本），北京：中华书局，1977年。

［清］萧奭：《永宪录》（标点本），北京：中华书局，1997年。

《清圣祖实录》（影印本），北京：中华书局，2008年。

《李朝实录》，北京：国家图书馆出版社，2012年。

［意］马国贤著，李天纲译：《清廷十三年：马国贤在华回忆录》，北京：外语教学与研究出版社，2008年。

孟森：《清初三大疑案考实》，桂林：广西师范大学出版社，2010年。

冯尔康：《雍正传》，北京：人民出版社，1985年。

［美］吴秀良著，张震久、吴伯娅译：《康熙朝储位斗争记实》，北京：中国社会科学出版社，1988年。

杨启樵：《揭开雍正皇帝隐秘的面纱》，上海：上海书店出版社，2011年。

第三集 乾隆生母之谜

电视剧《戏说乾隆》《还珠格格》《铁齿铜牙纪晓岚》里塑造的那位乾隆爷，幽默、风趣、平易、风流，家喻户晓，似乎看不出努尔哈赤、皇太极等清朝开国帝王特有的粗犷和豪放。为什么在小说家和剧作家笔下，乾隆的形象跟清朝开国皇帝努尔哈赤、皇太极迥然不同呢？

有人说，乾隆帝身上有种传奇色彩和迷人魅力，有人说这魅力首先来自他扑朔迷离的身世，更有人怀疑乾隆的亲妈是汉人，亲爹来自海宁陈家，爱新觉罗血统并不纯正。这些说法是不是真的？电视剧《甄嬛传》里，又把熹妃甄嬛塑造成乾隆的养母，这是怎么回事呢？了解乾隆的身世，对于我们理解乾隆的一生和康乾盛世有什么意义呢？对我们今天的工作和生活又有哪些启发呢？

要了解乾隆的身世，搞清乾隆真正的生身父母，必须从他的出生地说起。

一、乾隆：生在雍和宫，我骄傲

关于乾隆帝的出生地，《清高宗实录》给出了官方记载：

康熙五十年辛卯，八月十三日子时，诞上于雍和宫邸。[1]

这里的“上”，就是乾隆帝。康熙第四子胤禛被封为雍亲王，置王府于安定门内东侧。后来，他继承皇位，变成了雍正帝，这个培养出皇上的王府就没人敢住了。后来，雍正将其改称“雍和宫”，乾隆年间用作藏传佛教的寺院。

历史上常把培养出皇帝的王府称为“潜龙邸”，意思是真龙天子出道以前待过的地方。于是，《清高宗实录》将其称为“雍和宫邸”。

《清高宗实录》是官方文献，权威性毋庸置疑。不过，它纂修于嘉庆年间，只给皇帝一个人看。《清实录》的解密和影印出版，是最近几

[1] 《清高宗实录》，卷一，北京：中华书局，2008年影印。

十年的事。所以，这个证据当时无人知晓。

那么，还有没有别的权威文献呢？

有的。大家知道，乾隆是中国历史上最多产的诗人，一生写了四万多首诗，出了四本《御制诗集》，共三百七十二卷。虽说里面不乏顺口溜式的诗篇，也有大臣们捉刀的成分，但并不妨碍他到处炫耀。

传说女娲创造苍生，按照顺序造出了鸡狗猪羊牛马，第七天造成了人。因此，传统民俗里正月初七日又称“人日”，即“人类的生日”。乾隆五十年（1785年）的这一天，乾隆皇帝到雍和宫瞻仰拜佛，赋诗一首，其中这样写道：

首岁跃龙邸，年年礼必行……来瞻值人日，吾亦念初生。[1]

他的意思是，自从离开雍和宫以后，每年都要回来行礼。今天恰逢“人日”，不禁感念当初自己就生在这里。

后来，乾隆把自己在雍和宫降生的具体地点也写进了御制诗：

斋阁东厢胥熟路，忆亲唯念我初生。

“斋阁东厢”，就是雍和宫东书院的如意室、平安居和太和斋。其中的如意室，据说就是乾隆出生和童年生活的场所。故地重游，当然熟门“熟路”，倍感亲切。

乾隆在《御制诗集》里，几次提到自己出生在雍和宫，从未提及生

[1] 《清高宗御制诗文全集》，《御制诗五集》，卷十二，台北：故宫博物院，1976年影印。

于避暑山庄。对于社会上的流言蜚语，他在乾隆四十七年正月初七日写的《人日雍和宫瞻礼》自注里说："余实于康熙辛卯生于是宫也。"[1]"实于"二字一出，暗含着辟谣的意味。

乾隆的这些诗辞藻华丽，有堆砌之感，既做不到朗朗上口，也没有流芳千古的魅力，但毕竟出自皇帝笔下，官方出版，而且被《实录》引用，权威性不容小觑。《御制诗集》成书于乾隆年间，一些亲王、大臣都能看得到。

可是，就有人胆大包天，非要跟老皇帝过不去，声称乾隆的出生地不是雍和宫，而是避暑山庄。他们为什么要这么做呢?

二、管世铭和嘉庆：君父生在避暑山庄

第一个持"避暑山庄说"的人，名叫管世铭（1738–1798年）。他曾在乾隆后期担任军机章京，参与皇帝机要工作十多年。虽然职务不高，但人脉很广，背后有首席军机大臣阿桂力挺，而且常陪乾隆到避暑山庄，了解宫廷内幕。不过，在文字狱盛行的政治环境里，没有确凿的证据和充分的把握，管世铭绝不敢信口开河，随意乱说。

管世铭在题为《扈跸秋狝纪诗三十四首》的第四首诗里写道：

庆善祥开华渚虹，降生犹忆旧时宫。

[1]　《清高宗御制诗文全集》，《御制诗四集》，卷八十五，台北：故宫博物院，1976年影印。

避暑山庄万树园赐宴图

年年讳日行香去，狮子园边感圣衷。[1]

或许他还嫌没说清楚，在这首诗旁又做了一段注解：

狮子园为皇上降生之地，常于宪庙忌辰驻临。[2]

狮子园是承德避暑山庄外的一座园林，是当年康熙帝赐给雍亲王胤禛的园子。雍正死后，庙号“世宗宪皇帝”，所以简称“宪庙”。管世铭这句注解的意思是，乾隆帝的出生地就是狮子园。每年雍正忌日，他都会亲临烧香。

估计乾隆没见过这首诗，否则管世铭要么得把这诗删掉，要么早就

[1] ［清］管世铭：《韫山堂诗集》，卷十五，1894年。
[2] ［清］管世铭：《韫山堂诗集》，卷十五，1894年。

掉脑袋了。

如果说管世铭人微言轻的话，那么嘉庆皇帝的证言够分量吧。作为乾隆帝的亲生儿子和接班人，他的观点不能不重视。

嘉庆元年（1796年）八月十三日，乾隆首次以太上皇的身份过生日，当时叫“万万寿节”，地点在避暑山庄。嘉庆写了一首题为《万万寿节率王公大臣等行庆贺礼恭记》的诗，前两句是这样的：

肇建山庄辛卯年，寿同无量庆因缘。

什么意思呢？避暑山庄始建于康熙五十年（1711年），乾隆也恰是这年出生的，所以说两者“寿同”，有“因缘”。

可能是怕没说清楚，嘉庆随后又加了一段注释：

康熙辛卯肇建山庄，皇父以是年诞生都福之庭……此中因缘，不可思议。[1]

把“避暑山庄”和“都福之庭”并列，又说“此中因缘，不可思议”，嘉庆的意思再明显不过了：皇父乾隆的出生地就是避暑山庄。

第二年八月十三日，太上皇乾隆又在避暑山庄过寿辰。嘉庆又写了一首《万万寿节率王公大臣等行庆贺礼恭记》的诗，其中他亲自添加的注释中这样写道：

[1] 《仁宗御制诗初集》，卷六，嘉庆八年内府刻本。

敬惟皇父以辛卯岁诞生于山庄都福之庭，跃龙兴庆，集瑞钟祥。[1]

这次把乾隆的出生地说得再清楚不过了：“山庄都福之庭”。

我们知道，嘉庆的文学功底比乾隆差很多，也许这些诗并非出自他本人手笔，而只是由大臣捉刀。但能够摆到父皇面前，而且日后结集出版，起码嘉庆本人还是审核过的。既然嘉庆和管世铭不谋而合地认定乾隆生于避暑山庄，那么这种说法一定会在清朝统治集团上层流传，甚至成为许多人的共识。

可是，这样的共识跟乾隆自己的说法并不一致啊！

嘉庆八年（1803年），嘉庆《御制诗初集》出版，其中就收录了这两首诗。可见，在嘉庆帝的心目中，他的父皇乾隆帝出生在避暑山庄，是个毋庸置疑的常识。

四年后，《清高宗实录》的稿件也编纂完成，送到御前审订。嘉庆并没有稀里糊涂地大笔一挥，同意出版，而是拿着稿子认真研读。他并不愚笨，很快就发现了问题：乾隆明明生于避暑山庄，为什么《实录》里写成“诞于雍和宫邸”呢？

没多久，《清高宗圣训》也编纂完成，送到御前审核。嘉庆帝长了个心眼，特地研读了其中关于乾隆出生地的文献记载。坏了，《圣训》里的说法跟《实录》一模一样：都把乾隆的出生地写成了雍和宫邸。

这是怎么回事呢？嘉庆马上下令彻查。

《实录》和《圣训》都是官方文献。前者记录皇帝的日常政务活动和主要政治言论，后者保留皇帝对外公开发布的重要谕旨。朝廷当然高度重视这两部文献的编纂，成立了由大学士庆桂担任总裁的《实录》

---

[1] 《仁宗御制诗初集》，卷十四，嘉庆八年内府刻本。

馆。不过，庆桂只是行政领导，挂名而已，实际操刀的最权威专家，是翰林出身的副总裁刘凤诰。

面对朝廷的兴师问罪，刘凤诰很快就拿出了铁证——乾隆《御制诗集》。里面“余实于康熙辛卯生于是宫也”一句，白纸黑字，证据确凿。刘凤诰是用乾隆自己的诗告诉嘉庆：“乾隆生于避暑山庄”的说法“讹传久矣”。[1]

看到这份材料，嘉庆顿悟：既然父皇说过，那肯定是照办啊。于是，他批准将“雍和宫邸”一说纳入《实录》和《圣训》。

《实录》和《圣训》的这点争议，没有引起大的波澜。毕竟，这两部文献只有嘉庆本人看过，当时绝大多数王公大臣接触不到。倒是嘉庆《御制诗集》出版多年，很多王公大臣都有收藏和阅读。大家别忘了，嘉庆《御制诗集》里对乾隆出生地的解读，还是“避暑山庄”一说。

如果朝廷承认“乾隆生于雍和宫邸”的说法，就得把刊印出去的嘉庆《御制诗集》收回修订，以确保官方文献在此问题上的说法一致。可是，嘉庆或许忘了这茬，工作一直没做。如此，“乾隆生于避暑山庄”的说法就作为众所周知的常识，印在了许多王公大臣的脑子里了。

这是嘉庆帝的疏忽，或许当时刘凤诰也没想到。不管怎么样，这场疏忽，在嘉庆帝死后酿成了一起决策层的官场大地震。

---

[1]　［清］英和：《恩福堂笔记》，卷上，上海：上海古籍出版社，1985年。

三、遗诏风波让真相更乱

嘉庆二十五年（1820年）七月二十五日，嘉庆皇帝在承德避暑山庄突然驾崩。死前没有交代任何后事，接班人选成了最大问题。

幸运的是，早在一百年前，雍正发明了秘密建储制度，把自己看中的皇子姓名提前写到谕旨里，装盒锁好，一份当众放在乾清宫正大光明匾后面，一份随身携带。这样，老皇帝就掌握了选拔接班人的主动权，君主专制得以加强，皇位交接也平稳了。

别忘了，嘉庆死在了承德，北京乾清宫的那份谕旨一时指不上了。翻遍嘉庆的衣襟，也没找到随身的谕旨。怎么办？随行重臣中间炸了锅，只好开会讨论。

睿亲王禧恩是多尔衮的七世孙，直接提出拥立二阿哥绵宁。理由有二，他不仅是皇后独子，而且立有战功，被嘉庆誉为“忠孝兼备”，册封“智亲王”。

禧恩此言一出，大臣们默不作声，都不想露头。于是，大家都看着首席军机大臣托津，以及军机处排名第二的戴均元。只见他俩耳语一番后，冒出一句模棱两可的话：虽然绵宁众望所归，但一切还得以先帝谕旨为准，不可妄下决断。

会议陷入了僵局，避暑山庄里却传出喜讯，嘉庆随身携带的谕旨，在贴身小太监身上找到了！装谕旨的盒子完好，未曾开锁。答案随即揭晓：立绵宁为嗣皇帝。为了不让大家为避讳而改名，绵宁主动改名为旻宁，这就是道光皇帝。

很显然，禧恩押宝成功，托津、戴均元将为他们的圆滑和犹豫付出代价。记着，在重要机遇和重大决策面前，该出手时就出手，当断不断，反受其乱。

八月二十二日，道光奉嘉庆灵柩抵京。托津等人奉命代拟的嘉庆遗诏，经道光审批后昭告天下。就在这时，大学士曹振镛突然提出，这份遗诏有重大错误。

曹振镛找到了什么错误呢？原来，在遗诏末尾有这样的话：

古天子终于狩所，盖有之矣。况滦阳行宫为每岁临幸之地，我皇考即降生避暑山庄，予复何憾！[1]

意思是说，古代天子在狩猎之地去世，早有先例。况且承德避暑山庄不仅嘉庆每年都来，而且是父皇乾隆的出生地，又有什么好遗憾的？

问题就出在“我皇考即降生避暑山庄”一句上。曹振镛把《清高宗实录》和乾隆《御制诗集》搬出来，证明乾隆生于雍和宫，“昭昭甚明，岂容另有异说”。

其实，最早发现这个纰漏的不是曹振镛，而是刘凤诰。此人在考证乾隆出生地的问题上捡了便宜后，就因接受他人请托遭到弹劾，负责办案的托津奏请将其发配新疆。不过，嘉庆还是高抬贵手，从宽将其发配黑龙江。就这样，刘凤诰在冰天雪地里待了四年，才回到江西老家。或许是念及旧功，嘉庆又把他召回北京当翰林编修。

这些年的折腾，刘凤诰不但吃尽苦头，而且仕途受挫，他把这些账

[1] 旧遗诏原件已销毁，此句是参照改订后的遗诏和《清仁宗实录》卷三七四、《清宣宗实录》卷四推理而成。

都记在了托津头上，处心积虑想要报复。他知道“一朝天子一朝臣”的道理。托津深受嘉庆重用，但未必被道光瞧得上眼。于是，他抓住了托津的这个把柄，大做文章。

道光确实对托津等人的圆滑早有不满，打算走马换将。曹振镛虽然位居内阁，但在军机处无一席之地，地位远低于托津、戴均元，早就想扳倒托津和戴均元，取而代之。如今，三个人想到一块儿去了。

九月初七日，道光忽然发布一道谕旨，讲了四个要点：

第一，遗诏出错，与自己无关。

谕旨说：“朕在居丧之中，哀恸迫切，未经看出错误之处，朕亦不能辞咎。但思军机大臣多年承旨，所拟自不至有误。”[1] 意思是说，自己悲伤过度，没发现遗诏里的错，而且想当然认为军机大臣草拟谕旨轻车熟路，不会出错。言外之意，自己不过是粗心大意，黑锅要军机大臣背着。

第二，遗诏的错，是道光自己发现的。

谕旨说：“朕恭读之下，末有皇祖‘降生避暑山庄’等语，因请出皇祖《实录》跪读，始知皇祖于康熙辛卯八月十三日子时诞生于雍和宫邸。复遍阅皇祖《御制诗集》，凡言降生于雍和宫者，三见集中。”[2] 意思是说，这错是他自己查出来的，只字不提曹振镛和刘凤诰的“功劳”。

---

[1] 《清宣宗实录》，卷四，北京：中华书局，2008年影印。
[2] 《清宣宗实录》，卷四，北京：中华书局，2008年影印。

第三，嘉庆诗集之错，是大臣误解导致。

至于嘉庆《御制诗集》的诗注提及的“避暑山庄”一说，道光认为嘉庆本人没错，是“当日拟注臣工，误会诗意”。[1] 意思是说，诗是嘉庆写的，但诗注是大臣代拟的，把皇帝的意思领会错了。

第四，一切责任都由军机大臣背黑锅。

既然父皇和自己都没错，那替罪羊就是军机大臣了。于是，借口托津、戴均元均已年老，将其赶出了军机处。相反，曹振镛因告密有功，晋升武英殿大学士，取代托津成了首席军机大臣。

接下来，就要改遗诏了。不过仔细看来，改得不怎么样。

修改前的遗诏	修改后的遗诏
滦阳行宫为每岁临幸之地，我皇考即降生避暑山庄，予复何憾！	滦阳行宫为每岁临幸之地，我祖、考神御在焉，予复何憾！

修改之后，这句话的意思变成了：“避暑山庄是老皇帝每年都来的地方，而且皇爷爷和父皇的画像都供奉在这里，我又有什么遗憾呢？”

众所周知，清朝皇帝的画像，在紫禁城、圆明园等处皆有供奉。画像放在避暑山庄，也是司空见惯的事，跟“予复何憾”有多少必然联系

[1] 《清宣宗实录》，卷四，北京：中华书局，2008年影印。

呢？显然，逻辑上有点牵强。

出现这样的情况，其实也很无奈。毕竟，改遗诏的事催得太急，或许当晚就得赶工出来，没时间仔细琢磨和推敲，只好小修小补，应付了事。

在改遗诏的同时，道光并没忘了把嘉庆《御制诗集》的错误一一订正。只不过，先前已经刊印多年的旧版嘉庆《御制诗集》，道光并未完全收缴。其实，就算真的传旨收缴，还会有许多册流入民间，根本收不回来。这样，嘉庆《御制诗集》的新旧版本并存于世。读者只要把它们找来，细心比较，便能发现蛛丝马迹：

嘉庆八年版嘉庆《御制诗集》	道光年间修订的嘉庆《御制诗集》
康熙辛卯肇建山庄，皇父以是年诞生都福之庭。	康熙辛卯肇建山庄，皇父以是年诞生。
敬惟皇父以辛卯岁诞生于山庄都福之庭。	敬惟皇父以辛卯岁诞生，而山庄之建亦适成于是岁。

显然，修订之后的嘉庆《御制诗集》，“都福之庭”这样的词汇消失了，乾隆出生地被刻意回避了。

道光上台伊始，日理万机，工作繁忙，为何要单独抽出时间，把改遗诏、改诗集作为头等大事，匆匆忙忙地明确祖父乾隆的出生地呢？出生地对于普通百姓和多数帝王都无所谓，但对乾隆太重要了。这牵扯到一个更大的谜团：乾隆的亲生母亲究竟是谁？

四、乾隆生母的五种传说

在《清高宗实录》等几乎所有清代官方文献中，对乾隆生母的记载都很一致——雍正皇帝的熹妃。不过，这里的熹妃不是甄嬛，而是满族人钮祜禄氏。乾隆继位后，将其尊为崇庆皇太后。钮祜禄氏享年85岁，算是清代皇家女性里最高寿、最有福气的一位，因为他有个更长寿、更孝顺的儿子——乾隆。

根据皇家家谱《玉牒》和《清高宗实录》，乾隆生于康熙五十年八月十三日。这没什么争议。《清圣祖实录》记载，这年四月二十二日，康熙离开北京，到塞外巡幸，四阿哥胤禛并未随驾前往，而是在七月二十六日才到承德请安。[1] 此时，离乾隆出世只剩半个多月，钮祜禄氏势必处于临产状态，不可能跟着胤禛长途跋涉，跑到承德。这么说来，钮祜禄氏只能在北京生育。乾隆生在雍和宫邸的说法自然站得住脚。

当然，如果乾隆真的生在避暑山庄，就只能推出乾隆的亲生母亲并非钮祜禄氏的结论。如果是这样的话，乾隆的亲生母亲到底是谁？他的爱新觉罗血统是否纯正？如果连他都不纯正，那么他的子孙还敢自称纯正吗?

对于以满族为统治民族的清王朝来说，这就成了非同小可的大问题，关系到乾隆及其子孙当皇帝的合法性。难怪嘉庆和道光一想到“乾隆生于避暑山庄”的说法，就会不寒而栗，连忙修改。遗憾的是，嘉庆

[1]　《清圣祖实录》，卷二四六，北京：中华书局，2008年影印。

乾隆生母孝圣宪皇后钮钴禄氏

的做法过于草率，道光的做法既轻浮又拙劣，还夹杂着些许个人恩怨，让人有种故作掩饰、欲盖弥彰的感觉。

当事人搞不定的事，后来就演化为文人墨客争相猜测的话题。传闻越来越多，故事越发离奇。关于乾隆生母的解读，流传至今的大概有五种：

第一，镶黄旗大家闺秀。四品典仪官凌柱之女，满洲镶黄旗人。这是官方说法。

第二，承德的穷家女孩。晚清学者王闿运说，乾隆生母“始在母家，居承德城中，家贫无奴婢”。[1] 看来是贫苦出身，或可理解为“屌丝”。六七岁跟着父母做买卖，13岁参加选秀女，分到雍亲王府当丫鬟。后来胤禛患病，屌丝女日夜服侍，既帮助胤禛病愈，自己也怀孕生下了弘历。

第三，南方的傻大姐。曾任民国国务总理的熊希龄曾对胡适说过，“乾隆帝之生母为南方人，浑名‘傻大姐’，随其家人到热河营生”。[2] 后来的故事跟前面说的屌丝女差不多，最后把弘历生在了一个草棚里。

第四，汉人宫女李金桂。清朝遗老和近代学者冒鹤亭披露，乾隆生

[1] 王闿运：《湘绮楼文集》，卷五，《今列女传·母仪》，上海：大达图书供应社，1935年。

[2] 中国社会科学院近代研究所中华民国史研究室编：《胡适的日记》，下册，北京：中华书局，1985年，第303-304页。

母是承德汉人宫女李佳氏（李金桂）。后来，这种传说被小说家演绎得神乎其神：胤禛跟着康熙到塞外打猎，射死一头梅花鹿，饮其血而燥热难耐，就随便找了个妹纸云雨一番。随后忘却此事，没想到露水姻缘从此种下，次年秋天这个妹纸临产，丑闻曝光。康熙闻讯责问，胤禛这才承认。于是，妹纸就在狮子园的“草房”（马厩或者草棚子）里生下了弘历。这个妹纸，就是传说中的李金桂。由于李金桂出身卑贱，长相平平，胤禛就奉命将弘历收养在钮祜禄氏膝下。

值得一提的是，这个说法被电视剧《甄嬛传》部分采纳。

第五，海宁陈家夫人。浙江海宁陈家在清朝出过三个大学士，尤其是雍正朝的陈世倌，跟胤禛一家交情很深。传说，胤禛的福晋和陈阁老的夫人同在康熙五十年八月十三日生下孩子。只不过，胤禛得了个女孩，陈阁老家得了个儿子。胤禛就让陈家把孩子抱到雍亲王府看看。等孩子送回陈府时，男孩竟变成了女孩。陈世倌惊呆了，知道兹事体大，不敢声张。留在王府的男孩，就是弘历。所以，小说家们演绎出乾隆到海宁陈家看望亲生父母的离奇故事。甚至在金庸小说《书剑恩仇录》里，这段掉包的传说也被写得有鼻子有眼，类似于北宋的“狸猫换太子”。

除了第一种说法比较正统外，其他四种说法都只是传说。近百年来，历史学家通过深入研究，已有充分论据驳斥这些传说。简单讲，清朝的秀女选拔制度很严格，像承德穷家女孩、南方傻大姐和宫女李金桂这样的姑娘，根本没机会进入戒备森严的皇家园林。乾隆六次南巡，后四次都曾到海宁，主要是视察浙江海塘建设工程。虽然住在陈家，但彼时陈世倌已死，不存在“亲生父子相见”的情节。

五、乾隆生母真相探秘

那么，乾隆的亲生母亲到底是谁呢？是不是只有那个正统的说法才可信呢？

其实也未必。乾隆年间萧奭的《永宪录》里有这样一段话：

（雍正元年十二月二十二日）午刻，（皇）上御太和殿。遣使册立中宫那拉氏为皇后。诏告天下，恩赦有加。封年氏为贵妃，李氏为齐妃，钱氏为熹妃、宋氏为裕嫔，耿氏为懋嫔。[1]

萧奭啰啰唆唆地讲完册封之事后，突然又写了两句话。一句是“齐妃或云即今之崇庆皇太后”，一句是“按国制，皇后、诸妃及凡满洲之正室皆不与汉人联姻”。这两句话耐人寻味。

齐妃姓李，李金桂也姓李，是不是同一个人？本段话里没有出现钮祜禄氏，是不是齐贵妃后来改姓钮祜禄氏了？萧奭的言外之意，是不是说雍正违背清朝制度，擅自跟汉族姑娘通婚呢？乾隆的身上是不是流淌着汉人的血液呢？

《清世宗实录》是最权威的官方文献，对这段册封情节记载如下：

（雍正元年二月十四日）谕礼部：奉皇太后圣母懿旨，侧妃年氏封

[1] ［清］萧奭：《永宪录》，卷二，北京：中华书局，1997年。

为贵妃，侧妃李氏封为齐妃，格格钮祜鲁氏封为熹妃，格格宋氏封为懋嫔，格格耿氏封为裕嫔。尔部察例具奏。[1]

清宫档案则是这样写的：

雍正元年二月十四日奉上谕：尊太后圣母谕旨，侧福金年氏封为贵妃，侧福金李氏封为齐妃，格格钱氏封为熹妃，格格宋氏封为裕嫔，格格耿氏封为懋嫔。该部知道。[2]

把《实录》和档案放在一起对照，虽然裕嫔和懋嫔名号的归属搞颠倒了，但最关键的区别更在于熹妃是谁。档案里的“钱氏”，变成了《实录》里的“钮祜鲁氏”（即钮祜禄氏）。这究竟是怎么回事？

把档案和《永宪录》对照，发现两份记载几乎一模一样。考虑到《清世宗实录》是大学士张廷玉奉旨在乾隆六年（1741年）纂修完成，并由乾隆本人钦定，《实录》在这个问题上的变化，应当如何解释？

在没有新文献佐证的情况下，我们只能根据现成材料做出以下推断：

第一，齐妃不是乾隆生母。道理很简单，《清世宗实录》已经把钮祜禄氏放到了熹妃名下。因此，齐妃不是钮祜禄氏，没有证据证明她跟乾隆有生养关系。

第二，钱氏很可能就是钮祜禄氏。如果是这样的话，就可以做出两

[1] 《清世宗实录》，卷四，北京：中华书局，2008年影印。
[2] 中国第一历史档案馆编：《雍正朝汉文谕旨汇编》，第一册，桂林：广西师范大学出版社，1999年，第36页。

种可能的推断，都有故事可讲：

一种推断是，胤禛当阿哥时，跟汉族姑娘钱氏在避暑山庄有段露水姻缘，生下弘历。虽然满汉通婚在宫廷里是大忌，但不管怎么说，生儿子在当时算是有功的。于是，钱氏就以格格身份进入胤禛府上。后来胤禛变成了雍正皇帝，封钱氏为熹妃。其后的故事，要么是另找一位满族女性钮祜禄氏顶替钱氏，充当熹妃和乾隆生母，而让钱氏“人间消失”，要么干脆让钱氏改姓钮祜禄氏，并由典仪官凌柱当干爹。这样也就跟乾隆生于避暑山庄的传说建立了历史连接。

另一推断是，钱氏虽是汉人，但早就是典仪官凌柱家的丫鬟或养女。后来通过选秀女进入胤禛府上当侍女，生下弘历后改称“格格”。册封熹妃时，雍正还没打算秘密建储，以“钱”为氏也无所谓。然而，当弘历被秘密建储后，钱氏将成为未来的皇太后，再用汉姓显然不方便，所以索性改用凌柱的钮祜禄氏。这样也就回避了乾隆出生地的话题。

问题是，雍正册封钱氏为熹妃时，弘历已经十几岁了。倘若连亲生母亲都能掉包，他还会坚持尽孝几十年吗？可是，在乾隆给钮祜禄氏上尊号的几次上谕中，都不见“诞育”二字。对于喜欢咬文嚼字的乾隆来说，这又是耐人寻味的。掉包的可能性究竟有多大？恐怕还很难说得清。

故事讲到这儿，乾隆身世的谜团已经明朗了：熹妃钱氏应当就是乾隆的生母。至于“钮祜禄氏”，要么是钱氏后来照此改姓，要么是真有钮祜禄氏顶替钱氏当了皇太后。至于乾隆的出生地，避暑山庄的可能性更大。《清实录》和乾隆《御制诗集》里坚称生于雍和宫的说法，虽然也不无道理，但让人觉得是在为雍正的脸面和乾隆的血统遮遮掩掩。托津和戴均元在遗诏风波里的悲剧，似乎让这种感觉又加深了。

电视剧《甄嬛传》里的熹妃甄嬛，其实是个虚构人物，套用钮祜禄氏的封号而已，很多情节也跟历史出入较大，对此不必较真。

乾隆身世之谜作为一桩悬案，两百年来讨论得如此热烈，究竟是为什么？我们今天再来探讨这样的话题，有什么历史价值和现实意义呢？

六、讨论乾隆的生母有什么意义

乾隆本人和嘉庆、道光为了证明爱新觉罗家族的纯正血统，不惜篡改文献，掀起风浪。而皇帝血统的纯正性，关系到清朝统治的合法性和稳固度。任何一个清朝皇帝，都不会小瞧这种事。这就是乾隆身世之于清王朝的意义所在。

然而，清朝皇帝的血统不再纯正，乾隆身上流淌着汉人的血液，成了不争的事实。不过，对于今天的生活来说，讨论乾隆亲生母亲的意义也不容忽视。我觉得至少得到了三方面启发。

第一，蕴含着汉人基因的乾隆，对于多民族统一国家的历史意义。清朝是少数民族统治的王朝，在当时不可避免地存在民族歧视和压迫。而在乾隆朝，这种民族矛盾的负面影响被降到了最低，一个很重要的原因就是乾隆重视民族融合，不仅通过“十全武功”开疆拓土，奠定了近代中国的疆域版图，而且采取“因地制宜”“因俗制宜”的民族政策，巩固了多民族的统一国家。乾隆能够做到这一点，一方面来源于康熙、雍正以来的历史积累，以及他本人的远见卓识，另一方面则是他本人兼有满汉两族的血统，有更宽广的胸怀容纳各民族文化，也更容易接受和推动满汉文化交融。没有他的兼容并蓄，康乾盛世注定将不完整，今天我们多民族统一国家的局面也肯定会有缺憾。因此，仅就疆域版图和民族融合的层面而言，给乾隆多高的评价都不过分。

第二，熹妃钱氏的人生历程，是一部另类的励志故事。电视剧《宫》里的怜儿，《甄嬛传》里的甄嬛，《还珠格格》里的老佛爷，被网友当作熹妃钱氏（钮祜禄氏）的文学形象。三个人物加起来，好似再现了钱氏的人生历程，被网友称为“古代灰姑娘励志传奇”。然而，历史上的熹妃，生活远没有电视剧里那么热闹。虽然生下了弘历，但在雍正继位以前，她一直是格格身份，在雍亲王府并没受到重视。直到弘历被秘密立为太子后，她的处境才逐渐改善，从熹妃到熹贵妃，再到皇太后。在那个男权社会，一个汉族弱女子靠什么在残酷的宫廷斗争中生存下来？我觉得秘诀有三：

一是低调做人。生下了康熙青睐、雍正看好的皇子，按道理应该是母以子贵，但各种文献档案对她的记载很少。这只能说明她言行谨慎，非常低调。在后宫那种是非之地，她本身又是汉人，属于少数派，只能低调，这就是一种自我保护。

二是把握机遇。钮祜禄氏虽然低调，但手中握有弘历这张王牌。她暗中保护这张王牌度过了雍正朝十三年的血雨腥风，躲过了各种政治风潮，直至儿子顺利登基。她自己则把握住儿子被秘密建储的机遇，完成了从格格到贵妃的三级跳。

三是定位明确。乾隆对钮祜禄氏非常孝顺，钮祜禄氏本人也高寿85岁。不过，她很清楚自己的角色定位：太后就是太后。有一位强势的儿子当皇帝，已经足够了。她几乎从来没有干预过朝政。这样做，只会赢得更多尊重。

第三，乾隆出生地的考证和讨论过程，成为清朝走向衰败的真实写照。嘉庆、道光在生母问题上的反复计较，甚至不惜将私人恩怨夹杂其间，这其实是一种不自信的表现。而这种不自信的背后，就是嘉庆道光年间清朝走向衰败的大背景。官员腐败日甚一日，国库财力越发枯竭，社会风气趋于保守，农民起义此起彼伏。嘉庆重用的托津谨慎有余、应变不足，关键时刻游移不定，最后栽了跟头；道光重用的曹振镛的为官之道就是“多磕头少说话”，在皇权的淫威面前事不关己、得过且过。这样的大臣带出的官场风气，势必因循慵懒、万马齐喑。尽管道光年间中国经济还在增长，但康乾盛世的进取精神早已荡然无存，只剩下闭关自守和盲目自大了。

“甄嬛”名片

姓氏：钮祜禄氏（或许是钱氏）（1693–1777年）

职业：康熙朝的雍亲王府格格，雍正朝的熹妃、熹贵妃，乾隆朝的崇庆皇太后，死后追封孝圣宪皇后

父亲：四品典仪官凌柱（官方说法）

儿子：弘历（乾隆帝）

特色：中国历史上最长寿的皇太后

参考文献

《清高宗实录》（影印本），北京：中华书局，1985年。

［清］萧奭：《永宪录》（标点本），北京：中华书局，1959年。

《清史稿·高宗本纪》（标点本），北京：中华书局，1977年。

郭成康：《乾隆正传》，北京：中央编译出版社，2006年。

第四集 英使觐见之谜

乾隆五十八年（1793年）和嘉庆二十一年（1816年），英国政府先后派出两个使团，穿越大西洋、印度洋和太平洋，来到中国。第一个使团由乔治·马戛尔尼勋爵领衔，史称“马戛尔尼使团”，它是打着给乾隆皇帝祝寿的名义而来，全团近七百人，是英国政府史上最大规模的外交使团；第二个使团由阿美士德勋爵领衔，史称“阿美士德使团”。

马戛尔尼使团不远万里来到北京，仅仅是为了祝寿吗？还有没有更重要的目的和任务呢？乾隆皇帝是怎么接待他们的？传说乾隆皇帝要马戛尔尼等人在觐见时必须磕头行礼，马戛尔尼做到了吗？如果没有磕头，会不会让这场历史性会见不欢而散呢？马戛尔尼使团没做到的，阿美士德使团能做到吗？

这是两个大国的历史性碰撞，意义非比寻常。

当时的中国，正处在康乾盛世的巅峰时代，经济总量占全球四分之一，国库充盈，四海臣服，威加海内。然而，外表的光鲜掩饰不了内在的腐朽。当时的中国在骤变的世界大势面前迷失了方向。

当时的英国，正在经历着工业革命的深刻洗礼，工业生产效率成倍增长，纺织品面临滞销危险，急需对外开辟新市场。面对中国这样一个拥有广袤土地、众多人口、悠久文明和深厚积淀的国度，它既动心，又担心。

二十三年间，清朝的两代皇帝面对英国的两个使团，究竟说了什么？做了什么？这两场历史性的碰撞，引发了怎样的后果呢？对中英两国的历史命运和世界历史的发展进程产生了怎样的影响呢？对我们今天的生活，又会带来哪些启迪呢？

让我们回到两百多年前，一起揭开英使觐见功败垂成的种种谜团。

一、万里迢迢欲何为

我们先来解释第一个问题：马戛尔尼使团万里迢迢来中国，究竟意欲何为？

中国的海外贸易由来已久，但跟英国人打交道比较晚。直到明朝崇祯年间才有了第一次接触。崇祯十年（1637年），英国武装商船队开到

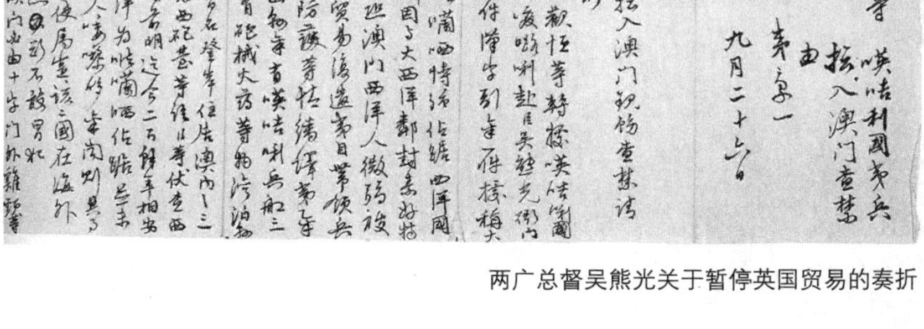

两广总督吴熊光关于暂停英国贸易的奏折

广州虎门，开炮射击，抢劫市镇，强迫贸易，严重侵犯了中国主权。这次接触很不愉快。

清朝康熙年间，朝廷开放广州、漳州、宁波、云台山（今连云港）四口对外通商，分别设立粤海关、闽海关、浙海关和江海关，管理来往商船，征收关税。英国迅速成为中国最大的贸易伙伴。中国的茶叶、丝绸和瓷器源源不断地运往欧洲，深受青睐。

清廷虽然开放了四个口岸，但只有广州固定面向洋人。在广州做外贸生意的中国商人，主要是官府指定的“十三行”行商。他们到内地收购瓷器、茶叶，辗转千里运到广州卖给英国人，不仅增加了运费成本，还得赚差价，收服务费。面对这样的特许经营，英国商人根本没机会货比三家，不仅少赚很多钱，而且导致英国市场的茶叶价格居高不下。另外，广州的关税较高，粤海关官员还经常索要规礼，也就是小费，让英国商人不胜其苦。英国国内主打的棉织品已经生产过剩，因此英国商人迫切希望打开中国市场。而广州地处南国，天气炎热，不怎么需要棉织品，相反，英国商人每年都得拿出大把银子去买中国的瓷器和茶叶，这

乾隆时期的广州黄埔港

样就造成了严重的贸易逆差。

要想打破广州单口垄断的局面其实不难，只要多开放几个口岸即可。英商看中了浙江和宁波，那里靠近中国的丝绸产地苏杭和茶叶产地江西、福建。到宁波做生意，既可就近采购，节省成本，又能逃脱行商的盘剥和粤海关的敲诈。英国的棉织品还可就近卖到内地，打开华北市场，减少中英贸易逆差。其实，宁波的官员对富得流油的广州粤海关羡慕嫉妒恨，也想扩大外贸，赚取更多税收，所以对英国商船很欢迎。结果，还真有不少商船跑到浙江来做生意，双方各取所需。

英国人算盘打得很精，可一旦把船开到宁波去，广州的粤海关和行商就赚得少了，肯定不同意。而乾隆皇帝觉得，如果放任这些洋人在中国沿海随便做买卖，对国家安全没好处。于是，一个是既得利益集团，一个是政治挂帅的皇帝，双方一拍即合。乾隆二十四年（1759年），朝廷一声令下，关闭其他三个口岸，只留广州一口通商。对在广州做生意的中外商人做出了严格限制。这在历史上称为“闭关政策”。英国方面虽然去找广东官府交涉，却没能改变这个局面。

到了18世纪末，英国工业革命如火如荼，生产效率成倍增长，过剩的棉纺织品越来越多，卖不出去。结果，资本家面临破产的危险，政府从棉纺织业收来的赋税也越来越少，工人得不到应有的工资，罢工骚乱时有发生。出于增加财政收入、稳定社会秩序、缓解棉纺织业困境等现实因素的考虑，英国政府必须想办法开辟新市场。而中国幅员辽阔、人口众多、市场潜力巨大。于是，英国政府准备正式派一支外交使团，跟中国最高决策者谈判，以求开放市场。至于这个使团的特使（团长），英国政府看中了马戛尔尼（1737–1806年）。

马戛尔尼出生于北爱尔兰贝尔法斯特，毕业于都柏林大学三一书院，曾在俄国、印度等地担任外交官，跟外国的商界、政界打交道的阅历非常丰富。英国政府认为，马戛尔尼是最合适的特使人选。国务大臣敦达斯给他下达了训令，除了明确出访任务和谈判条件外，还在礼节问题上提出，“要服从中国朝廷的礼仪，既不要损害自己君主的尊严，又不要被礼节上的小事束缚住手脚”。[1]

临行前，马戛尔尼还准备了一份辞藻华丽的国书和众多精美礼品。其中，送给皇帝的礼品有十九件，包括地球仪、铜版画、铜炮、望远镜和战舰模型等。他认为，这些东西既能结乾隆君臣的欢心，又能展示英国的国力，帮谈判加分，更能刺激中国人对英国产品的消费欲望，以打开中国市场，促进英国经济繁荣。

乾隆五十七年八月初十日（1792年9月26日），马戛尔尼使团从朴茨茅斯港起航，奔赴万里之外的中国。等待他们的将会是什么呢？

二、男儿膝下有黄金

马戛尔尼的事前策划和细致准备，乾隆帝当然不知道。在乾隆眼中，英国使团既然打着给自己拜寿的旗号，那就跟朝鲜、暹罗等当时向中国称臣的国家一样，是来进贡效忠的。不过，英国地处偏远，来一趟不容易。既然来了，就要热烈欢迎，好生款待。于是，乾隆帝下令，破例允许使团的船只进入沿海任何口岸，要求地方官员做好接待准备。

东印度公司是英国政府在远东地区做生意的特许商。为配合马戛

---

[1] ［法］阿兰·佩雷菲特著，王国卿等译：《停滞的帝国：两个世界的撞击》，北京：生活·读书·新知三联书店，1993年，第11页。

乔治·马戛尔尼画像

尔尼使团的行动，特地向清朝两广总督福康安写了一封信。虽然言语谦恭，但称呼中英两国君主时不分高下，平等相待，而且说明真实来意就是构建中英两国的外交关系。

眼下，福康安正在西藏打仗，这封信就转到了广东巡抚郭世勋手里。郭巡抚看了这封信，有些为难。如果原原本本地奏报朝廷，乾隆帝肯定不高兴：远来小邦，怎能跟我天朝平起平坐呢？可是，郭巡抚长期跟英国人打交道，知道英国是海上第一强国，平等交往似乎也没什么错。

于是，郭世勋将这封书信的译文加以修饰，添了许多吉祥话。正是这样一封口气和意思都变了味的书信，蒙蔽了乾隆帝，让他以为马戛尔尼使团就是来祝寿的。

乾隆帝虽然八十多岁了，但不糊涂，大概他也听说过英国是海上霸主。他觉得，既然英国派使团送上门来，应该借机炫耀下“天朝的威严”。就这样，乾隆帝让沿海口岸在欢迎使团的同时，整肃海防，严阵以待，既要展现八旗军容，又不能因此扰民。沿海各省督抚领会圣意，时刻跟踪和奏报使团的行踪。不过，由于语言不通，只是迎来送往，接洽并不深入，他们对使团的真正来意也不清楚。

乾隆五十八年六月十八日（1793年7月25日），马戛尔尼使团抵达天津大沽口，登岸后受到直隶总督梁肯堂，钦差大臣、长芦盐政徵瑞的隆重欢迎。[1] 然而，双方的分歧很快就出现了。

马戛尔尼一行跟着梁肯堂、徵瑞等人抵达天津，乘船沿白河向北京前进。船上插“英吉利贡使”旗帜。马戛尔尼觉得不对头，又怕惹麻烦，只好不吭气。

七月初六日（8月12日）梁肯堂在奏折里说：

乾隆帝老年朝服像

该正副使（在筵席中）向（皇）上免冠叩首，并令通事转向臣等告知，初入中华，即蒙大皇帝种种恩赐，今又给以筵宴，实在感激无地。[2]

梁肯堂提及的“免冠叩首”，乾隆帝有点怀疑，就下了一道谕旨。其中讲道，不管马戛尔尼是否懂得清朝礼节，抑或是英国的习俗就是脱帽鞠躬，必须在赴宴的时候，要他结结实实地磕头。听说英国人是用布扎腿，跪拜不便。那就在行礼前松开布条，行礼之后再扎上好了。如果他坚持脱帽鞠躬，就要婉言相劝，告诉他其他来北京进贡的国家，无论

[1] 按照清廷要求，“狮子”号、“印度斯坦”号由于吃水较深，无法进大沽口停泊，在卸完货物后先期返回舟山候命。
[2] 中国第一历史档案馆编：《硃批奏折》，外交类，第25号。

是使臣还是国王，都要对皇帝三跪九叩。如果他不磕头，那大老远地跑来进贡，未免让别的国家耻笑，朝堂大臣不容。[1]

既然皇上发话了，徵瑞就得奉旨办事。七月初九日，马戛尔尼使团来到北京东郊的通州附近。徵瑞前来拜会，传达了圣旨：觐见皇帝时，应按中国礼仪，行三跪九叩礼。方法是双膝跪地三次，每次叩三个头。任何国家朝贡，都不能免此大礼。

马戛尔尼直接答道，我们愿意按照向本国国王行礼的方式，向清朝皇帝行礼。不过，英国的礼仪有所不同，不是下跪磕头，而是脱帽鞠躬。后来，双方几次交涉，徵瑞还派人给使团做示范。马戛尔尼就是不同意磕头，坚持鞠躬行礼。

七月十九日，马戛尔尼提出了一个折中方案：如果清朝皇帝能派出一位官衔跟我相当的大臣，穿着朝服在英国国王的画像前行三跪九叩大礼，那我就向清朝皇帝三跪九叩。[2] 徵瑞一听，脸都气绿了。在他看来，英国国王算老几，怎能跟大清皇帝享受同等待遇！大清臣子膝下有黄金，跪爹跪娘跪皇上，凭什么给你的国王下跪啊！

使团抵达北京，把大件礼品都摆在了圆明园陈列，小住了几天后，就前往承德避暑山庄，参加万寿庆典。可是，行礼的事还没着落，大臣们都很着急，大家只好搬出乾隆帝身边的红人——军机大臣和珅出马。

八月初五日，和珅首次会见马戛尔尼，当面否决了对等磕头的提议。两天后，俩人再次会面。流传至今的记载却有了不同版本：

英方的记载是，和珅同意马戛尔尼对乾隆帝行英国的脱帽鞠躬礼，

---

[1]　《清高宗实录》，卷一四三二，北京：中华书局，2008年影印。

[2]　［英］Sir G. 斯当东著，叶笃义译：《英使谒见乾隆纪实》，北京：商务印书馆，1963年，第318-325页。

英使觐见乾隆景象

并约定八月初十日（9月14日）首次觐见皇帝。中方的记载是，马戛尔尼同意在觐见乾隆皇帝时三跪九叩。那么，到底谁说的对呢？咱们还是看看那天的现场实况吧。

八月初十日凌晨寅时（清晨四五点钟），马戛尔尼和随员一起从驻地启程，前往避暑山庄万树园，准备觐见乾隆帝。半个时辰后，使团抵达山庄门前。马戛尔尼走出轿子，跟着陪同官员一起来到万树园等候。随行的只剩下使团秘书斯当东爵士及其儿子小斯当东。此时，皇子皇孙、各国使节已经到齐。

接见仪式将在万树园内的一座大帐篷里举行。礼乐声后，乾隆皇帝乘坐无盖肩舆，在众多侍卫的簇拥下来到万树园。马戛尔尼提前走出帐外，迎接圣驾。当乾隆帝经过人群时，大家全都跪倒了，接下来就是三跪九叩。

大家都跪了，马戛尔尼如果还坚持站着不跪，在那个场合里将会“鹤立鸡群”，何等尴尬！他和斯当东爵士只好从众，“单膝下跪，把头低在地上”。[1]

虽说事后马戛尔尼等人在向英国政府的汇报中有意强调，单膝下跪与三跪九叩在“动作上的不同”，但他们都回避了这一动作是否重复。大家可以想象，既然大家都三跪九叩，你如果只坚持单膝下跪一次，显然不合拍。所以，他们只能跟着三跪九叩的节奏不断重复。只不过，跟别人不一样的是，他们没有双膝跪倒叩头，而是重复单膝下跪、以头向地的动作，[2] 即“九次单腿下跪，伴随着九次鞠躬向地”。

乾隆帝在大帐篷里坐定后，大家也各就其位。在专人引导下，马戛尔尼双手捧着装有英国国王书信的精美盒子置于头顶，从御座旁拾级而上，呈给乾隆帝。乾隆单手接过，但并不启封阅读，而是随手交给旁边的御前大臣。御前大臣也不拆阅，而是放在皇帝宝座旁边的垫子上。

乾隆帝拿出一柄如意交给马戛尔尼，请其转赠英国国王。马戛尔尼收下后，也取出两块镶嵌钻石的金表献给乾隆帝。接下来，马戛尔尼向乾隆帝介绍斯当东爵士和其他成员。大家逐一行礼，接受赠礼。只是，所有的谈话都必须经过翻译。乾隆帝可能觉得这样有点麻烦，就问使团里有没有会讲汉语的人。马戛尔尼立即推荐了斯当东爵士的儿子——年仅12岁的小斯当东。乾隆帝很高兴，就把他叫到跟前试讲汉语，随后解下自己腰带上的一个槟榔荷包相赠，以表喜爱之情。

觐见仪式结束后，马戛尔尼等人回位，宴会正式开始。席间，乾隆帝把马戛尔尼和斯当东叫到跟前，亲自温酒碰杯，寒暄一番，问及英国国王的年龄。宴会结束，乾隆帝起身离开。在斯当东爵士的印象中，乾

[1]　［法］阿兰·佩雷菲特著，王国卿等译：《停滞的帝国：两个世界的撞击》，北京：生活·读书·新知三联书店，1993年，第259页。

[2]　［法］阿兰·佩雷菲特著，王国卿等译：《停滞的帝国：两个世界的撞击》，北京：生活·读书·新知三联书店，1993年，第260-261页。

小斯当东回忆中的英使觐见乾隆景象

隆帝虽然年迈，但情绪不错。

其后两天，马戛尔尼在和珅等大臣的陪同下，在承德参观。八月十三日是乾隆帝83岁寿辰，马戛尔尼再次前往避暑山庄参加万寿庆典。在礼乐声中，全体人员向皇帝宝座方向行三跪九叩礼。马戛尔尼一行该怎么办？

英方的记载里，有说行了屈膝礼，有说行了深鞠躬礼。中方的记载里，军机章京管世铭说马戛尔尼一行“一到殿堂齐膝地，天威能使万心降”；嘉庆皇帝后来也坚称马戛尔尼行了三跪九叩礼。在我看来，大家都跪倒磕头，只有一个人搞特殊，恐怕于情于理都说不过去。很可能跟前次一样，单膝跪倒，头碰地面九次。

虽说男儿膝下有黄金，虽说敦达斯事先有过训令，让马戛尔尼必须维护英国国王的尊严，可为了完成此行的使命，他还是在清朝的礼仪规矩面前屈服了。然而，他的让步能否换来使命的圆满呢？

三、话不投机半句多

这几天，马戛尔尼一直希望跟和珅进行外交谈判，把英方的条件摊牌。可和珅很滑头，总以“回北京再讨论”为由加以搪塞。[1] 马戛尔尼心急火燎，于是决定先回北京，再做定夺。

生日过完，乾隆帝消停了，开始读英国国王的国书。他发现，这国书的内容里锋芒毕露。英国国王提议英方派人在北京常住，这让这位老皇帝警觉了起来。他又想起马戛尔尼为了磕头与不磕头的问题，对和珅、徵瑞等大臣态度强硬，因此，乾隆帝觉得英国人“异言异服，逗留京城，或其心怀窥测，其事断不可行”。他立即传谕各省督抚严加提防，避免使团成员和在华英商串通勾结，借机惹事。[2]

八月二十二日，马戛尔尼一行回到北京。三天后，乾隆帝就传旨，要求使团于九月初三日离京走人。坏了，敦达斯交给他的事情还没办呢！不行，必须跟和珅摊牌了。

想约和珅？人家日理万机，忙得很。好不容易约上了，马戛尔尼跑到皇宫，一等就是三个小时。就在马戛尔尼等到不耐烦，甚至崩溃，打

[1]　[英]Sir G. 斯当东著，叶笃义译：《英使谒见乾隆纪实》，北京：商务印书馆，1963年，第376-377页；[英]爱尼斯·安德逊著，费振东译：《英使访华录》，北京：商务印书馆，1963年，第133-134页；[清]陈康祺：《郎潜纪闻初笔二笔三笔》，上卷，北京：中华书局，1984年，第207页。

[2]　《清高宗实录》，卷一四三五，北京：中华书局，2008年影印。

算离开之时，和珅出来了。

和珅把他领到太和殿。这里放着一些桌椅，上面摆满了各种物件。和珅传令，一会儿派人把这些物件送到使团驻地。都有哪些物件呢？有乾隆皇帝对英国国王的谕旨，有皇上赐给使团成员的礼品，有使团赠给他和珅的礼物。马戛尔尼见此情景，心都凉了。他知道，这不光是撵人走、退礼品的做法，还是要断交的节奏呀！

马戛尔尼希望跟和珅再谈谈条件，和珅摇摇头：你还是把想说的写成书信给我吧。

回到驻地，马戛尔尼垂头丧气，只好看看那份谕旨里讲了啥。他发现，这谕旨其实就是清廷给英国国王书信的复函。里面就一个意思：英国没必要派人常驻北京，照顾中英贸易，因为天朝啥都不缺，不需要英国置办。话说得很高傲，让马戛尔尼很无奈。

看罢谕旨，马戛尔尼赶紧起草了给和珅的书信，希望清廷答应英国政府的六项要求：

第一，增开舟山、宁波或天津为通商口岸。

第二，允许英商在北京设立货栈，出售商品。

第三，为英商提供舟山附近的一个小岛或一小块空地，用来存放货物。英国人不驻军，但希望跟中国人分区居住。

第四，允许英商常驻广州。

第五，降低粤海关的关税。

第六，为英商提供纳税清单，免除额外加征的规费。[1]

---

[1] ［法］阿兰·佩雷菲特著，王国卿等译：《停滞的帝国：两个世界的撞击》，北京：生活·读书·新知三联书店，1993年，第335-336页；朱雍：《不愿打开的中国大门：18世纪的外交与中国命运》，南昌：江西人民出版社，1989年，第240页。

按照今天的眼光，这六条要求基本体现了自由、平等的贸易原则，起码在这个基础上可以一谈。然而，在乾隆帝看来，一个来祝寿和纳贡的使团，不仅拒不执行三跪九叩大礼，而且提出了一大堆咄咄逼人的外交和商业要求。这还了得？！

九月初三日清晨，马戛尔尼使团离开住所，前往通州。和珅等人到朝阳门送行。同日，乾隆帝发出了致英国国王的第二份谕旨。他不仅以轻蔑的口吻全盘拒绝了马戛尔尼的六项要求，还加了一条：禁止英国人在中国传教。这意味着，马戛尔尼使团在北京的外交努力归于失败。

马戛尔尼离开北京后，沿着运河南下来到杭州，然后转乘马匹和舟楫，途经浙江、江西、广东，最后来到广州，乘船回国。沿途之上，各地督抚奉旨接待，不但规格降低，而且严加防范。使团成员安德逊事后回忆道：“我们进入北京时好像是穷极无依的人，居留在北京的时候好像是囚犯，离开时好像是流浪者。”[1]那种感觉，真是糟糕之极。

乾隆五十八年十二月初六日（1794年1月10日），马戛尔尼等人乘船驶离广州，八个月之后，他回到英国，结束了长达两年的远东之旅。

四、不磕头就别见面

马戛尔尼使团没有解决中英贸易中的痼疾。其后，这些矛盾日益升级，演化为不断的贸易摩擦。清朝屡屡以停止两国贸易作为反制措施。

---

[1] ［英］爱尼斯·安德逊著，费振东译：《英使访华录》，北京：商务印书馆，1963年，第156页。

威廉 · 皮特 · 阿美士德画像

英国政府知道，一旦贸易叫停，英国商人最吃亏。因此决定派遣由国王侍从官阿美士德勋爵领衔的使团访华，缓和两国政治关系，商讨两国贸易问题，稳定和扩展对华贸易。嘉庆二十一年正月十一日（1816年2月8日），阿美士德使团从朴茨茅斯港启程。

虽说阿美士德是一把手，但使团里真正跟中国人打过多年交道的只有二把手小斯当东。虽说12岁那年他曾跟随马戛尔尼使团来华，而且受到乾隆皇帝的赏赐，但如今他在英国东印度公司任职，对华态度强硬，经常挑起贸易摩擦，因此，嘉庆帝并不喜欢他。

在来中国的路上，使团议定向清廷提出两项要求：一是派遣使节设馆常驻北京，二是争取增开一两个通商口岸。

有了接待马戛尔尼使团的不愉快，嘉庆帝在听说阿美士德使团即将到访后，根本就没什么兴趣。等使团来到天津，工部尚书苏楞额作为接待大臣，要求使团成员见皇帝时必须行三跪九叩大礼。阿美士德提出，行礼没问题，但方式应当参照马戛尔尼访华的先例。至于那个先例是什么，马戛尔尼有没有磕过头，除了小斯当东，其他人都没见过。而小斯当东呢？耍了个滑头，借口当时年龄太小，记不太清，回避了这个话题。

对于是否磕头的问题，使团里有人觉得，英国政府曾表示，只要能达到出使目的，使团人员可以按照清廷要求行礼。既然英国政府默许，那就没必要再讨论了，人家让磕头就磕呗。但小斯当东不同意，真要磕了头，只会有损英国的尊严，伤害英国的对华贸易。

阿美士德知道，拒绝磕头就会惹怒清廷，到头来没法完成出使任务；然而，小斯当东跟中国人打交道多年，号称“中国通”，他的意见又不能不听。几经权衡，阿美士德还是采纳了小斯当东的意见，决定拒绝行三跪九叩大礼。

嘉庆帝听说此事，非常生气，传旨把苏楞额臭骂一顿，说如果阿美士德到了北京，还拒绝行礼，那就先将使团赶走，再把苏楞额就地免职。

苏楞额惶恐不安，一面奏请恕罪，一面继续谈判。阿美士德表示，只同意三次单膝下跪，每次下跪后三俯首，这是底线了。虽然比鞠躬强点，但距离三跪九叩还差得远。

使团抵达通州，奉旨迎接的理藩院尚书和世泰等人恭候多时。和世泰表示，如果使团拒绝三跪九叩，那就立即回国。阿美士德毫不示弱，送上英国国王的书信，要求呈给嘉庆皇帝。和世泰担心，如果就这么把使团赶走，不就显得自己无能吗？将来在皇上面前免不了挨训。然而，人家英国人拒绝行礼，这可怎么办啊？

他思忖再三，给嘉庆帝写了份奏折，说阿美士德同意三跪九叩了。嘉庆帝闻讯大喜，传旨安排英使觐见。就这样，和世泰领着使团进入京城。阿美士德很纳闷：我不是拒绝三跪九叩了吗？你们怎么还领我们进京啊？和世泰说，听我安排就行了，别的甭管。

和世泰确实说了谎，为了圆这个谎言，他制订了一套计划：他陪使团连夜进发，次日凌晨抵达圆明园外。届时，阿美士德等人一定疲惫不堪。然后带他们觐见，在正大光明殿上把他们强摁着屈膝磕头，稀里糊涂完成大礼，即可交差。

凌晨5点半，使团抵达圆明园外。6点半，嘉庆帝传旨接见。和世泰说，接见提前了，只允许阿美士德带三个人进去。

眼看计划就要成功了，阿美士德突然提出：赶路走了一夜，大伙太累了，况且觐见所需的服装和国书还在路上，所以现在不能马上进去，请求明天再觐见。末了，阿美士德特地强调，他是不会行三跪九叩礼的。

这时，和世泰一使眼色，一群官员扑了过来，拽着阿美士德等人就往圆明园里走。阿美士德等人当然不乐意，哇哩哇啦地大叫起来，那意思大概是说“官府抓人啦”“我就不磕头”之类。眼看双方就要扭打在一起了。

一旦双方打起来，很有可能把圆明园里的皇上给惊了驾，那可是大罪。和世泰怕事情闹大，对自己没好处，只好下令收手。计划就此失败。

如意算盘落了空，还得想办法把今天糊弄过去啊。于是，和世泰只好独自上殿告诉皇上，说英使走了一夜，脚疼得厉害，没法接见，希望改明天。他知道，即便明天接见，阿美士德也不会磕头。于是，次日传见，他就借口阿美士德拉肚子；第三次传见，他又说阿美士德病倒了，不能接见。嘉庆帝说，一把手来不了，那就见二把手吧。和世泰又说，二把手也病了，没法觐见，要等一把手病好了一同觐见。

嘉庆皇帝一看，这叫什么事啊！和世泰你搞什么名堂？他很生气，传旨将阿美士德使团遣送回国，和世泰等人交部议处。虽说后来嘉庆帝收了使团的礼品，并回赠了一些礼品，还破例允许使团跟马戛尔尼当年离开的路线一样，沿大运河南下，从广州登船回国，但阿美士德此行的外交收获甚至还不如马戛尔尼。就因为磕头的问题，他连皇帝的面都没见着，更没机会谈条件了。

五、成败得失论英雄

马戛尔尼和阿美士德的使命都没有完成，没能改变广州的贸易局面，但也并非一无所得。两个使团在返程途中，都经由陆路南下，穿越中国腹地，广泛了解沿途的政治、经济、军事、文化、历史等情况。

回国后，马戛尔尼使团的成员们纷纷撰写访华回忆录。这一方面推动了英国人研究中国的兴趣，推动了英国乃至欧洲地区汉学的发展，另一方面也逐步改变了欧洲人对中国完全仰慕的情绪，“18世纪欧洲的中

西洋画中的乾隆朝官场

国热”趋于冷却。

阿美士德使团来华途中，深入渤海沿岸测绘水道，取得山东到辽东一线的沿海航道详图；回国途中，又测量镇江、瓜洲、金山一线的长江水道。他们搜集的这些情报，为英军在鸦片战争期间的军事行动提供了重要参考。

阿美士德在回国途中，在大西洋的圣赫勒拿岛上见到了被流放至此的拿破仑。他对拿破仑说：“在中国，看似是一片太平盛世，实际上沿途的许多盛世景象都只是摆出的花架子。看似是东方的头号强国，实际上是积贫积弱之邦。”

拿破仑不同意他的看法。他说了两段很经典的话：

中国并不软弱，它只不过是一只睡眠中的狮子。以今天看来，狮子睡着了连苍蝇都敢落到它的脸上叫几声。中国一旦被惊醒，世界会为之震动。

不单中国，其他国家，诸如美国，都会在这个世纪中叶或下个世纪崛起，一味靠海上霸权争雄世界，最终再强的霸权也会没落。

会谈不欢而散，但拿破仑的预言却在百多年后应验。只是，18世纪末19世纪初的中国，在这两场外交活动中，表面上趾高气扬，其实都是以失败告终，留下了无尽的遗憾。我把这些遗憾概括为三点：

第一，礼仪之争的失败。双方在礼仪问题上反复争执，马戛尔尼最后的行礼方式是“九次单腿下跪，伴随九次鞠躬向地”，守住了英国臣民觐见国王单腿下跪、深深鞠躬的底线，只在行礼次数上让了步，既没有损害国王的尊严，也没有降低使臣的身份。中方的记载虽然强调马戛尔尼确实磕头了，但乾隆帝并不满意。马戛尔尼的九次“单腿下跪，鞠躬向地”，毕竟跟“三跪九叩”的传统大礼不同。这让乾隆失去了向英国炫耀国威的机会，也成了乾隆对马戛尔尼使团态度骤变的重要原因。这样的行礼方式，乾隆可以默许，嘉庆却不同意。嘉庆被和世泰再三蒙蔽，最后老羞成怒，对阿美士德使团拒绝接见，直接赶走。礼仪之争，其实争的是面子。面子的事，要么灵活处置，要么严守原则，瞻前顾后要不得。

第二，谈判机遇的丧失。这两个使团的到来，是英方以平等姿态，通过外交途径提出发展以贸易为主的双边关系，并提出了一整套方案。对此，清朝皇帝并没有拿出足够的耐心进行周旋，而是在礼仪之争失败之后，在不了解对方谈判底线的情况下，一股脑地全部拒绝，从而丧失了与英方平等对话解决贸易争端，并由此推动中国主动步入近代化进程的历史性机遇。其实，为了增加通商口岸，打开华北市场，英方甚至打算以放弃鸦片贸易作为交换，清朝君臣对此一无所知。中英贸易固有的体制冲突和结构性矛盾犹存。所以说，当机会摆在你面前的时候，只要有好处，一定要努力抓住。

第三，闭上看世界的双眼。使团带来的礼品，充分体现了工业革命时代英国的科技水平。尽管嘴上瞧不起，但清朝君臣心里还是很紧张。乾隆就曾感慨，“英吉利在西洋诸国中最为强悍”。不过，尽管有危机感，但乾隆和嘉庆的第一反应不是给臣民创造了解世界、知己知彼的机会，而是严防死守，戒备西方的军事威胁。跟康熙相比，乾隆和嘉庆似乎都只是文科生，对理科一窍不通，而且不感兴趣，这就让他们在面对西方科学技术之时，只是视而不见。1860年英法联军火烧圆明园时，发现马戛尔尼使团赠送的火炮和炮弹仍然放在那里，完好无损，从未用过。所以说，封闭保守必然落后挨打，开放包容才能自立自强。

这三点遗憾，是中国传统的经济结构、意识形态和天朝观念共同作用的结果，是长期奉行闭关政策必然导致的结果。

前事不忘，后事之师。让我们留住这段英使觐见的历史记忆，全面深化改革，扩大对外开放，把我们的国家建设得更加繁荣富强。

英使名片

（一）乔治·马戛尔尼（George Macartney，1737–1806年）

出生地：爱尔兰

家庭出身：苏格兰贵族

职业：外交官

毕业院校：都柏林三一学院

进修院校：伦敦坦普尔大学，师从荷兰伯爵亨利·福克斯

外交经历：

1764年，英国赴俄全权特使

1765年，英国议会议员

1769年，爱尔兰议会议员、爱尔兰事务大臣

1772年，辞去议员、大臣职务，受封骑士爵位

1775年，加勒比群岛总督

1776年，受封马戛尔尼男爵，进入爱尔兰贵族行列

1780年，印度马德拉斯总督

1786年，拒绝出任印度总督，返回英国

1792年，受封马戛尔尼伯爵

1792–1794年，英国赴中国全权特使

1795年，英国政府密使，出访撒丁王国，商议反法同盟事宜。再次受封马戛尔尼男爵，跻身英格兰贵族行列。

1796年，好望角总督

1798年，因健康状况辞职。

与中国的另类缘分：

2008年5月，乔治·马戛尔尼的后裔简·马戛尔尼（Jane Macartney），作为英国泰晤士报驻北京特派记者，参与了汶川地震的新闻报道。

（二）威廉·皮特·阿美士德（William Pitt Amherst，1773–1857年）

出生地：英格兰索美塞得郡的巴斯

家庭出身：高级军官（父亲和叔父都是陆军将领，父亲任中将，叔父曾任弗吉尼亚和英属北美洲总督，阿美士德继承其叔父的勋爵爵位）

职业：外交官

毕业院校：牛津大学

内外经历：

1797年，继承阿美士德勋爵（世袭男爵）

1804–1813年、1815–1823年、1829–1835年，寝宫侍臣（其间1809–1811年任那不勒斯宫廷使节）

1815年，枢密院顾问官

1816年，英国驻华全权公使

1823–1828年，印度总督

1826年，晋升阿美士德伯爵

（三）小斯当东（Sir George Thomas Staunton，1781–1859）

出生地：英格兰索尔兹伯里

家庭出身：外交官，父亲为乔治·伦纳德·斯当东（1737–1801），马戛尔尼使团副使

职业：外交官

外交经历：

1792年，随马戛尔尼使团来华访问

1798年，英国东印度公司广州代理处文书

1804年，英国东印度公司广州代理处货物管理人

1808年，英国东印度公司广州代理处中文翻译（其翻译的《大清律例》英文版在英国出版，这是中国历史上第一部由中文翻译成英文的著作）

1816年，英国东印度公司广州特派委员会主席

1818年，英国议会下院议员（1826–1830年落选，1833–1837年两度落选）。

1852年，退休

和中国的缘分

香港中环的士丹顿街，以及香港仔的士丹顿湾，均是以小斯当东的名字（谐音）命名。

参考文献

［英］Sir G.斯当东著，叶笃义译：《英使谒见乾隆纪实》，北京：商务印书馆，1963年。

［英］爱尼斯·安德逊著，费振东译：《英使访华录》，北京：商务印书馆，1963年。

［法］阿兰·佩雷菲特著，王国卿等译：《停滞的帝国：两个世界的撞击》，北京：生活·读书·新知三联书店，1993年。

朱雍：《不愿打开的中国大门：18世纪的外交与中国命运》，南昌：江西人民出版社，1989年。

第五集 乾隆长寿之谜

皇帝是个特殊的群体。他们位高权重，但平均寿命很短，健康状况很差。有人做过统计，有确切生卒年月可考的历代皇帝共二百零九人，平均寿命只有39岁。

乾隆皇帝是清入关后的第四位君主，在位六十年，“内禅”后还当了三年多的太上皇。嘉庆四年（1799年），乾隆皇帝驾崩，享年89虚岁。他经历了康熙、雍正、乾隆、嘉庆四朝，享受了七代同堂的天伦之乐，是中国历史上最高寿的皇帝。那么，乾隆为什么能独享高龄呢？

我们从清宫题材的很多电视剧中发现，清朝的皇帝爱好都十分广泛，尤其是康熙、雍正、乾隆这几位盛世帝王，他们琴棋书画无所不通，骑马射箭更是家常便饭，那么这些电视剧的情节是真实的吗？乾隆皇帝的这些爱好和他的长寿又有什么联系呢？

两百多年来，人们一直在研究和探讨，乾隆为什么能长寿？乾隆的一天究竟是如何度过的呢？他的起居饮食和我们今天的人又有什么区别？他又是如何平衡工作和生活的呢？乾隆长寿的秘诀，能够给人们的日常生活和自我养生带来哪些启发呢？

让我们深入乾隆的日常生活，探寻一下他的养生之道，揭开乾隆皇帝的长寿真相。

长寿，是所有人的梦想。普通老百姓如此，古代皇帝也如此。秦始皇曾派出徐福东渡，探寻长生不老之药；明世宗嘉靖皇帝炼丹上瘾，长期服用丹药，也是为了长寿。可是，俗话说，人过七十古来稀。历史上，过七十的皇帝也是古来稀。秦始皇、嘉靖皇帝都没有长寿，五六十岁就死去了。

中国历史上，皇帝有几百位，寿命超过70虚岁只有10人。[1]其中超过80岁的只有5位。他们分别是：

乾隆（89岁）、南朝梁武帝萧衍（86岁）、唐朝武则天（82岁）、南宋高宗赵构（81岁）、元世祖忽必烈（80岁）。

本来，宠信佛教的萧衍有望改写历史，活到90岁以上。遗憾的是，他晚年决策失误，重用叛将侯景，酿成兵变。最终，他困守建康（今江苏南京）台城（皇宫宫城）一百三十多天。及至城破之日，依然形同软禁，想吃蜂蜜而不可得，被活活饿死。

本该萧衍拿走的历代皇帝长寿桂冠，最终落到了乾隆手中。

显然，乾隆最长寿。

乾隆为什么能长寿？这个问题讨论了两百多年。各种“长寿秘方”“食疗大法”层出不穷。不过，这些配方跟乾隆的生活习惯并不相符，基本是假的。

学术界经过长期研究，提炼出了乾隆长寿的一些秘诀，我梳理了一下，概括为四条，依次是：遗传长寿因素、饮食起居规律、生活环境如意、帝王品味高雅。

下面，我们一一道来。

---

[1] 超过70虚岁的皇帝分别是：乾隆（89岁）、南朝梁武帝萧衍（86岁）、唐朝武则天（82岁）、南宋高宗赵构（81岁）、元世祖忽必烈（80岁）、唐玄宗李隆基（78岁）、三国吴太祖孙权（71岁）、明太祖朱元璋（71岁）、汉武帝刘彻（70岁）、唐高祖李渊（70岁）。

一、遗传长寿因素

乾隆体格好，寿命长，首先得益于父母所赐。那么，父母所赐为什么就能让乾隆长寿呢？

乾隆的父亲是雍正，这没疑问。乾隆的母亲是谁，历史学界议论纷纷。

根据绝大多数清代官方文献记载，乾隆生母是雍正的熹妃。不是电视剧《甄嬛传》里的甄嬛，而是叫钮祜禄氏。乾隆继位后，将其尊为崇庆皇太后。不过，也有专家考证，认为乾隆的生母是汉人钱氏。

不管最后的结论如何，有一个事实是可以确认的：乾隆生母高寿，活了85岁，是中国历史上最长寿的皇太后之一。

乾隆长寿，是不是跟这位高寿的皇太后有关呢？

2009年，复旦大学生命科学学院金力教授主持的一项关于长寿遗传因素的课题研究，并将成果发表在国际著名刊物《公共科学图书馆·综合》上。金力教授认为，从遗传学角度分析，长寿是可以遗传的，而且主要是从母亲处遗传，也就是说，如果母亲长寿，其子女长寿可能性较大；如果父亲长寿，其子女则未必长寿。

如今，这项研究在学术界已获得了广泛的共识。由此，我们可以相信，乾隆的长寿，跟老太后的遗传因素有很大的关系。

乾隆的长寿并非偶然。老太后的父亲凌柱活了83岁，母亲彭氏活了81岁。这种长寿因素的遗传经历了三代人，基础还是很牢固的。难怪有算命家在分析乾隆的八字时，说“此命贵富天然……寿元高厚”，看来是有道理的。[1]

母亲长寿，子女就一定长寿吗？或许有人会提出质疑：孝庄太后活了76岁，但她的儿子顺治帝只活了24岁；慈禧太后活了74岁，但她的儿子同治帝19岁就死了，侄子兼外甥光绪38岁就死了，同治和光绪膝下都没有留下一儿半女。

需要注意，金力教授的研究认为，如果母亲长寿，子女长寿的可能性较大。这里强调的是可能性大，并不是必然性。母亲的寿命对子女是否长寿，起到的是影响作用，而不是决定性作用，更不是唯一性作用。复旦大学生命科学院副教授王笑峰认为，通常在人40岁以前，遗传对寿命的影响只占15%-25%。只有40岁以后，遗传的作用才会越来越明显。

越来越多的证据表明，顺治和同治都是得了不治之症，暴病身亡，而光绪则极有可能是被人毒死。他们都是非正常死亡，而且都死在了40岁以前。如果没有外力干扰，或许有可能长寿。相比之下，乾隆是幸运儿。

既然在40岁以前，遗传对寿命的影响不大，那么究竟还有什么因素会对寿命产生巨大的影响呢？在遗传因素之外，乾隆长寿还有什么其他秘诀吗？

---

[1] 故宫博物院文献馆档案：《乾隆八字》批语。

二、饮食起居规律

遗传是父母所赐，无法更改，也无需计较。无论是皇帝，还是老百姓，追求长寿的关键，还是自己。生活习惯对寿命的影响，在40岁以前还是很大的。也就是说，身体是革命的本钱，年轻时不爱惜身体，年纪大了会吃苦头。与雍正相比，乾隆的起居更规律，膳食更科学，个人生活更节制。这是他长寿的另一秘诀。

先说起居。

如今，上班族的一天大多是“朝九晚五”，或“早八晚五”，在紧张忙碌的工作和无穷无尽的家务事中度过。作为当时中国官衔最大的“上班族”，乾隆的一天又是怎么度过的呢？

朝鲜使臣来北京朝见乾隆时，曾细心观察，多方打听，并将其作为重要情报带了回去。军机章京赵翼长期在乾隆身边工作，对乾隆的起居习惯也很熟悉。他们的记述都很长。

朝鲜《李朝实录》曾记载：

皇帝寝食起居，自御极后，无论四时，卯时而起，进早膳后，先览中外庶政，次引见公卿大臣与之议决，至午而罢，晚膳后，更理未了公事，间或看书、制诗、书字，夜分乃寝。平生不饮酒、不嗜异味，朝夕进食，不过数匙，体力康旺不衰。

军机章京赵翼在《檐曝杂记》里曾写道：

上每晨起，即进膳。膳后，阅部院所奏事及各督抚折子毕，以次召见诸大臣，或一人独见，或数人同见，日必四五起。最后见军机大臣，指示机务迄，有铨选之文武官，则吏、兵二部各以其员引见。见毕，日加巳，皆燕闲时矣。或作书，或作画，而诗尤为常课，日必数首。

这两段话我综合一下，乾隆的一天大致是这样度过的：

乾隆登基以来，不管任何季节，都是卯时（早上五点）起床，吃完早饭后开始办公。先是看奏折，然后召见大臣，或见一个，或同时见几个，要见四五拨人，最后见军机大臣，指示重要工作。如果是召见新录用的文武官员，就让吏部、兵部带着这些人来拜见。

召见完毕，大概到中午十一点了，如果没别的事，就可以休息了。写字、画画、作诗，都是乾隆闲暇时的娱乐活动。尤其是写诗，每天起码写好几首。用完晚膳，他会处理当天没办完的工作，天黑了就睡觉。

乾隆不喝酒，不吃怪味食品，每顿饭吃的都不多，几勺而已。反倒是体力旺盛，身体健康。

看得出，乾隆的一天，日理万机，工作繁忙，节奏很快。可是，他劳逸结合，把工作和生活安排得井井有条，很有规律。乾隆的父亲雍正是爱熬夜，尤其是后半夜来精神，一天批几十份奏折，乐此不疲；跟雍正不同，乾隆是能不熬夜尽量不熬夜，早睡早起，非常守时。

乾隆并非全年都待在紫禁城里，他会经常走出去透透气，换换环境。每年正月，他会去圆明园待几天；三月，去今天天津蓟县的盘山小住；夏秋之际到承德避暑山庄纳凉，顺便到木兰围场打猎。至于西苑三海（北海、中海、南海）、香山、万寿山、玉泉山，更是他常去的游玩

圆明园大水法铜版画

圆明园海晏堂铜版画

圆明园远瀛观铜版画

之所。他还会离开京城，下江南、东巡盛京、西巡五台。一年下来，简直马不停蹄。康熙曾说当皇帝很苦，只要还有口气就得干活，不能停歇。可乾隆当得轻松惬意，张弛有度。

会工作，会休息，会娱乐，会享受，这样的生活才算完美。

再说饮食。俗话说，“民以食为天”。孔子教育弟子说“君子食无求饱”。吃饭但求一饱而已，别要求太高。他很赞赏弟子颜回“一箪食一瓢饮”的简朴生活，但也认同“食不厌精，脍不厌细”，吃得饱的同时还要吃得精细健康，必要时得有所挑剔。乾隆在饮食上就格外注意。

皇帝用餐，不能叫“吃饭”，因为“饭”与“犯”同音，不吉利，而叫“用膳”“进膳”，开饭则叫“传膳”。按照宫里的习惯，乾隆每天卯时起床，然后吃早餐。他的早点很简单，主要是“冰糖炖燕窝一品”。乾隆的一天，要吃两顿正餐和两顿小吃。两顿正餐称为“早膳”和“晚膳”。早膳一般安排在早上六点，晚膳一般安排在中午十二点到下午两点。正餐之外的两顿小吃就比较随便了，下午一次，晚上一次，皇帝想吃就送进去。这样看来，乾隆的饮食很规律。

乾隆的正餐都有些什么？《清代宫中膳食》里收录了宫里做菜的食材，我们来看看：

盘肉二十二斤，汤肉五斤，猪油一斤，羊二只，鸡五只，鸭三只。

白菜、菠菜、香菜、芹菜、韭菜等共十九斤，大萝卜、水萝卜、胡萝卜共六十个，包瓜、东瓜各一个，苤蓝、干闭瓮菜各五个，葱六斤。

玉泉酒四两，酱和清酱各三斤，醋二斤。

早、晚随膳饽饽八盘，每盘三十个。每做一盘饽饽需上等白面四斤，香油一斤，芝麻一合五勺，澄沙三合，白糖、核桃仁和黑枣各十二两。

这是乾隆一天饮食的食材。当然，乾隆本人肯定吃不完，也从不吃饱，只是点到为止，很多都赏赐给后妃、皇子和宫女了。这些食材花样繁多、荤素搭配、用料考究、来源广泛，既有内务府采买的，也有外地进贡的。

乾隆对酒水很讲究，只喝玉泉山的水和玉泉酒。玉泉酒是一种度数很低的糯米酒，乾隆每天顶多晚膳时喝二两，酒量比儿子嘉庆小得多。

给乾隆做饭的厨房，俗称“御膳房”，准确的称呼是“御茶膳房”，由茶房、清茶房和膳房三个部门组成，隶属于内务府管理。每天传膳前，要开列菜单和厨师姓名，报送内务府大臣画圈，才能把菜送上皇帝餐桌。

按照清宫规矩，非经传旨，任何人不得跟皇帝同桌吃饭。不过，乾隆还是很享受跟后妃们一起进餐的美好时光。如果单独传旨叫某个后妃和他一起吃饭，那就意味着要把这个后妃留下来过夜，享受鱼水之欢；如果碰到节庆之日，乾隆会举行家宴，把后妃们都叫来一起吃饭，非常热闹；特别是发妻富察氏在世时，夫妻两人围坐火锅两侧，相对小酌，情调缠绵，回味悠长。

吃得精细，吃得健康，吃得愉悦，这样的饮食才称得上舒心。

最后简单说说个人生活。在老百姓的印象中，乾隆是“风流才子”“好色之徒”。然而，乾隆对个人生活还是比较节制的。

乾隆最宠爱的女人，莫过于结发妻子富察氏，也就是孝贤皇后。她是大学士马齐的侄女。大家闺秀，却生活简朴；六宫之主，却待人谦和。宫里上下对她赞不绝口。富察氏对老太后非常孝敬，婆媳关系融洽；富察氏长得清秀漂亮，让乾隆流连不已。这样的贤内助不可多得，小两口恩爱有加。

孝贤皇后像

遗憾的是，乾隆十三年（1748年），富察氏染病去世，结束了和乾隆22年的夫妻生活。此后，虽然后宫佳丽无数，乾隆却再也没找到像富察氏那样的知音，来抚慰自己那颗孤寂的心。在这种情况下，乾隆节制个人生活，是自然而然的。当然，乾隆膝下共有十七个儿子和十个女儿，堪称多子多福。这说明，他恰到好处地把握了个人生活的平衡。

我们当然没机会享受精美奢华的御膳，也不可能回到那个慢生活、慢节奏的时代，但是，乾隆饮食起居的经验告诉我们：老百姓常说的“管住嘴、迈开腿”的养生口诀，确有科学根据。尤其是年轻的上班族，要尽可能少加班，少熬夜，早睡早起，作息规律；尽可能少喝酒，少吃油盐，多吃蔬菜水果，注意荤素搭配，不要暴饮暴食，注意饮食卫生。饮食起居规律了，体感自然会舒适得多。

三、生活环境如意

乾隆的生活环境，比康熙和雍正的要舒服得多，主要体现在三个方面：

第一，工作环境。

乾隆晚年曾写了一篇《古稀说》，说他“得国之正，扩土之广，臣服之普，民庶之安，虽非大当，可谓小康”。什么意思呢？说乾隆继承皇位没有争议，在位期间国土扩张、百姓臣服、民生安定，称得上是“小康之世”。

《古稀说》里还提到，历代亡国的原因，诸如强藩、外患、权臣、外戚、女祸、宦官、奸臣、佞幸，在他的统治时期都没有。

乾隆的这些话虽有自夸的成分，但他在位六十年的工作环境确实比康熙雍正好得多。继位之初，乾隆接手的是经过雍正铁腕治理的天下，国库充裕、国力强盛、吏治清明、社会稳定，堪称“盛世”。乾隆在位年间，东征西讨，开疆拓土，奠定了近代中国的疆域版图；开垦荒地、兴修水利、蠲免钱粮，推动经济发展，加强对国家的控制，营造了一个有利于加强君主专制和中央集权的政治环境。大臣们惟命是从，没人敢说不，更没人敢造反。这样超越前人的功绩，这样唯我独尊的环境，足以令乾隆心平气和，延年益寿。可以说，与康熙和雍正相比，乾隆无疑是幸运儿。

第二，家庭环境。

青少年时代的乾隆，家庭环境可谓得天独厚。雍正当皇帝前，在圆明园安排时年12岁的弘历跟康熙“意外”见面。康熙看弘历聪明伶俐，甚是喜欢，经常带在身边，让他见世面开眼界。这对祖孙的忘年情，一时传为佳话。雍正当皇帝后，将弘历秘密立为皇储。雍正不惜将三阿哥

平安春信图，意大利画家朗世宁笔下的胤禛和弘历。

弘时逐出皇宫，为的就是让弘历能顺利登基，消除潜在的竞争对手。弘历和结发妻子富察氏的婚事，也是雍正亲自安排的。可以说，康熙和雍正为青少年时代的弘历营造了良好的家庭环境。

嘉庆皇帝颙琰并不是乾隆最喜欢的儿子，但有两个优点：足够孝顺、勤奋敬业。其他儿子也都很孝顺，最起码没有手足相残。这让乾隆省了不少心。乾隆晚年最喜欢的孩子，当属小女儿和孝公主，她让乾隆晚年多了几分快乐。乾隆还实现了五世同堂，这样的奇观别说是皇帝家，就连普通百姓家也难得一见。可以说，儿女满堂的家庭环境，让乾隆的晚年很开心，有成就感。

第三，居住环境。

跟雍正不同，乾隆并不是纯粹意义的政治机器，他追求奢华、享受生活，尤其在居住环境的美化上，毫不吝惜钱财。

紫禁城，就是今天的北京故宫，始建于明朝永乐年间，是皇帝的办公和居住场所，也是明清两朝整个中国的统治中心。乾隆对紫禁城进行了大规模改造，新建了建福宫、重华宫和宁寿宫，改建了慈宁宫，同时配套了许多花园和亭台楼阁，花香四溢、环境幽雅。

建福宫位于紫禁城西北，西六宫西侧。乾隆经常来此游玩，吟诗作赋，陶冶情操。很遗憾，这组宫殿在1923年被焚毁，还留下了一段有关焚毁原因的未解之谜。2005年，故宫博物院将建福宫复建完成，作为接待国内外贵宾和举办研讨会的场所对外开放。

重华宫位于紫禁城西北，西六宫以北，乾隆当皇帝以前，曾在这里度过了青少年时代，因而这里就成了乾隆存放旧物的纪念场所。其中的乐善堂是他青少年时代的书房，乾隆把继位之前写过的诗编成诗集，起名《乐善堂集》。

宁寿宫位于紫禁城东北，是他为退位以后的居住生活而营建的宫殿群，不仅装饰豪华，亭台楼阁无不具备，而且建筑规制与紫禁城的乾清宫、坤宁宫相似，形同故宫的缩微版。今天，宁寿宫已经作为故宫博物院的珍宝馆对外开放。

慈宁宫位于紫禁城正西，乾清门广场西侧的隆宗门外，明朝时是前代皇贵妃的居所。清兵入关后，孝庄太后曾在此居住。乾隆加以修葺后，请生母钮祜禄氏在此居住，以表孝心，并让钮祜禄氏享受孝庄太后那样的地位和待遇。

如果说紫禁城是乾隆的家，乾隆大兴土木其实是在给自己家装修的话，那么北京西郊的“三山五园”，则是乾隆挖空心思打造的世外桃源。

“三山五园”，就是香山静宜园、万寿山清漪园、玉泉山静明园、圆明园和畅春园。乾隆把江南工匠请到北京，把风景式园林的自然美和建筑式园林的人工美有机结合起来，把江南园林的隽永和北方园林的雄浑融为一体，创造出独特的艺术风格。三山五园打上了乾隆的烙印，成为中国古典园林建筑的最高艺术成就。尤其是圆明园，还吸收了西洋园林风格，风景如画，宏伟壮丽，堪称“万园之园”。

乾隆在这样的居住环境里生活，不仅心旷神怡，精神放松，而且诗兴大发，品味高雅。心情好了，格调高了，心病就少了，寿命自然也延长了。因此，美化居住环境确实是乾隆高寿的重要原因。

工作、家庭和居住环境的得天独厚，无论从感观层面，还是从心理层面，都给乾隆长寿提供了必要的物质基础。乾隆的经验告诉我们，营造和谐友爱的工作和生活环境，培养良好的家庭关系、邻里关系、同事关系和上下级关系，可以让自己始终保持阳光平和的心态；爱护和利用好身边的居住环境，走出户外，亲近自然，坚持锻炼，量力而行，可以强身健体，为长寿打好基础。

四、帝王品味高雅

乾隆不仅爱好广泛，还颇有造诣。这既提高了他的生活品味，也是一种养生之道。总的说来，乾隆有四大方面的天赋：语言、文学、收藏和体育。

先说语言天赋。乾隆喜爱读书，不仅主持编纂了《四库全书》等大型典籍，收录古代文献，而且把书中的知识转化为智慧，运用到治国理政之中。他精通满汉蒙藏回五种民族语言，跟少数民族首领交谈毫无障碍。他出口成章，提笔千言。曾在军机处供职的清代学者赵翼在《檐曝杂记》里说，乾隆“平伊犁所撰告成太学碑文，属草不过五刻，成数千言”。两个多小时就写出一篇几千字的碑文，一气呵成，传之后世，写作水平着实厉害。有时候，懂得越多，越知道该怎样保养自己，延年益寿。

再说文学天赋。乾隆深厚的文化积淀，不仅使他在工作中“知行

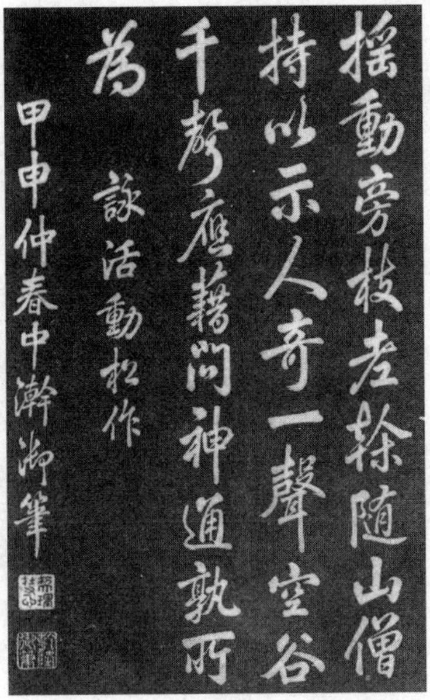

乾隆墨迹

合一”、收放自如，而且也常常使他在生活中触景生情，诗兴大发。乾隆一辈子出版过7本诗文集，收录诗词43630首，这是个什么概念呢？《全唐诗》收录了唐代2000多位诗人的诗作，加起来也没乾隆的作品多。乾隆享年89岁，要确保从生到死，每个礼拜至少写10首诗，不能停歇。虽说有些诗并非亲笔，而是大臣捉刀，有些诗只是触景生情，内容空泛，好似文绉绉的顺口溜，但乾隆才思敏捷那是公认的。写诗本身就是一种抒发情怀的随性之举，以艺术的方式讲出来，心情会更豁达，总比憋在心里强。

接着说收藏天赋。乾隆是个“吃货”，但更信奉“美食不如美器”的说法，尤其酷爱收藏古玩字画和精致器皿。这些藏品大多来自各地进贡、内务府制作和对贪官抄家。他不仅爱收藏，而且鉴赏功力高超。

一天，乾隆去府库验看玉器藏品，发现一件满是尘土和污渍的玉斧珮被仍在库房角落，上面标注“丙等”，意思是劣等货。乾隆捡起来仔细观瞧，发现其形制古朴，就让工匠刮除污垢，打磨一番，果然是夏商周时期的精品玉器。为此，乾隆还写了篇文章，名叫《古玉斧珮记》，感叹世上也有类似被埋没的人才。

又一次，有个税官搞到一幅米芾的字迹，打算献给乾隆。在奏折里他还特别说自己见识短浅，不敢判定是否真迹，请皇上法眼甄别。乾隆一眼就看出这是个冒牌货，就在奏折上毫不客气地批了四个大字——

三希堂，即“士希贤，贤希圣，圣希天”。同时，“希”通“稀”，也指“三希堂”收藏了乾隆最钟爱的三幅稀世书法作品。

乾隆一箭双鹿图

乾隆熏风琴韵图

“假的，不要！”

乾隆最钟爱的藏品，当属王羲之的《快雪时晴帖》、王献之的《中秋帖》、王珣的《伯远帖》，这是东晋时期祖孙三代书法家的书法精品。乾隆把这三件作品专门收藏在养心殿西暖阁的里屋，命名为“三希堂”。

最后说说体育天赋。雍正当皇帝的十几年，深居简出，一副工作狂的样子。乾隆恰好相反，到处巡游，行程万里。尤其是在承德避暑期间，他经常在木兰围场骑射，对腰、腹和臂力都有锻炼。除了这些高强度的锻炼之外，乾隆还喜欢练气功，收肛提腹，吐纳肺腑，这是他每天必做的功课。在中医看来，练气功是一种很好的养生方法。乾隆个子不高，也就一米六左右，但身体素质非常好，这为他的长寿打下了很好的身体底子。

高雅的品味，既可以陶冶情操，也可以涵养心境。乾隆的经验告诉我们，培养博览群书的业余习惯，调动自身固有的艺术细胞和文化底蕴，学习和培养一两样业余爱好，可以让生活更加丰富多彩。

乾隆长寿的经验告诉我们：饮食起居规律，生活环境如意，业余爱好广泛，身心健康阳光，再加上遗传因素的助力，共同夯实了他延年益寿的底子。能够利用现有的工作和生活条件，合理调配资源、把握节奏，不就向长寿又迈进了一大步吗？

乾隆名片

姓名：爱新觉罗·弘历（1711–1799年）

职业：清朝第六位皇帝，清入关后的第四位皇帝。

父亲：清世宗胤禛。

生母：钮祜禄氏（“甄嬛”原型）

排行：第四子

出生地：北京安定门内雍亲王府（即今雍和宫，另一说是生于承德避暑山庄狮子园）

代表作：《乾隆御制诗文集》

启蒙老师：朱轼

最爱的人：孝贤皇后富察氏

最恨的人：空缺

家庭成员：3位皇后（其中魏佳氏因生育嘉庆帝而死后追封为皇后），5位皇贵妃，5位贵妃，6位妃，6位嫔，12位贵人，4位常在。17个儿子，10个女儿

主要“政绩”：“十全武功”“四库全书”“六下江南”

自我评价：“前代所以亡国者，曰强藩，曰外患，曰权臣，曰外戚，曰女倡，曰宦寺，曰奸臣，曰佞幸，今皆无一仿佛者。”

参考文献

《李朝实录》，北京：国家图书馆出版社，2012年。

[清]赵翼：《檐曝杂记》，北京：中华书局，1982年。

侯广江等：《清代宫中膳食：离宫菜点400品》，北京：中国食品出版社，1990年。

第六集 嘉庆遇刺之谜

皇帝遇刺，在中国历史上屡见不鲜。秦始皇一生就多次遇刺，最有名的当属荆轲刺秦王。这段传奇故事，留下了“风萧萧兮易水寒，壮士一去兮不复还”的豪迈诗篇。

比起两千年前的秦代，清朝的禁卫制度完备，宫廷戒备森严，可居然在皇帝的家门口，也发生了一起刺杀案。而歹徒谋杀的对象，竟是堂堂的嘉庆皇帝。倘若嘉庆遇害，清朝历史恐怕将会改写。

这究竟是怎么回事？刺客究竟是谁？他为什么要行刺皇帝？嘉庆究竟有没有被伤到？在这场谋刺案背后，究竟隐藏着怎样的秘密呢？对于这件突如其来的变故，嘉庆君臣又是怎样处置的呢？他们的处置，会对清朝历史带来哪些影响？又能给我们带来哪些启迪呢？

现在，就让我们一起回到那个惊心动魄的午间时分，揭开“嘉庆遇刺之谜”。

一、尴尬遇刺

嘉庆八年（1803年）初，嘉庆皇帝很忙，刚刚平定了白莲教起义，恢复了“天下太平”。嘉庆帝欣喜若狂。他跑到太庙和陵寝，向先帝报捷和告慰；封赏功臣，抚恤死者，处理善后；还得照常批阅奏折，召见臣工。忙了俩月，总算消停了。他决定给自己放七天假，到圆明园听听戏，写写诗，看看书，充充电。

闰二月二十日（1803年4月11日），嘉庆帝结束休假，返回紫禁城。中午时分，他的车队进入了神武门。

神武门，就是紫禁城的北门。城墙高大、门楼雄伟。进门后，往里走几十米，又是一道高墙。外面是一条东西向的宽阔甬道，里面就是御花园，属于皇帝的休息区。想穿过这道高墙进入御花园，要么飞檐走壁，要么老老实实地经过当间儿的顺贞门。

在顺贞门前，嘉庆帝必须下车换轿。因为宫里门户众多，几乎每个宫门都有门槛。车子过不去，只有坐轿。

皇帝走下马车，大臣们目睹天颜，自然是纷纷跪倒，磕头请安，山

顺贞门

呼万岁。

忽然，从神武门西厢房后面闪过一个人影。没等大家反应过来，他就手持短刀，一阵怪叫，冲过人群，朝皇帝的轿子而来。显然，刺客来了！

皇帝出行，身边都有御前侍卫，就是贴身保镖。按道理，这些人武艺高强，反应机敏，紧要关头能挺身而出，保卫皇帝。可是，刺客近在眼前，所有侍卫居然面无表情，呆若木鸡，没人救驾。

千钧一发之际，突然从轿子跟前闪出一人，拦住刺客去路。他就是定亲王绵恩，嘉庆帝的侄子。刺客出现，他的第一反应就是替皇上挡刀子。反应是挺快，却没有自我保护意识，被刺客用刀扎进了衣袖。

嘉庆帝被吓坏了，但他并没呆住，而是拔腿就跑。虽然嘉庆帝身体肥硕，但突然迸发的那股劲，让他变得很麻利，扭身就进了顺贞门，逃离了是非之地。

关键时刻，还是自家亲戚靠谱。姐夫拉旺多尔济是蒙古贵族，一个箭步冲上前去，抓住刺客持刀的左手。可惜，拉旺多尔济使劲不够，旋即被挣脱，自己还摔了个屁股蹲儿。

第一个回过味儿的侍卫名叫丹巴多尔济。他拦腰抱住刺客，想把对方摔倒。但还没等发力，就被刺客扎了三刀，倒在血泊之中。

两个“多尔济”，虽然身手笨拙，表现窝囊，但毕竟拖住了刺客，使嘉庆帝有时间脱身。

侍卫们终于恢复“满血”，大展拳脚。很快，刺客就挨了一脚，飞出去老远，重重地摔在地上，口鼻流血，动弹不得。接着，便被众多侍卫死死地摁在地上，生擒活捉。

这个刺客究竟是谁？他是怎么溜进戒备森严的紫禁城的呢？他做这件事，究竟是为了什么呢？

堂堂紫禁城，保卫如此森严，居然也能溜进刺客，而且差点要了我的命。想到这儿，嘉庆帝就气不打一处来，先传下三道圣旨：

第一，救治伤员。其实是给两个“多尔济”治伤。

第二，护军统领革职拿问。理由是紫禁城保卫工作不力。

第三，既然凶手胆敢刺杀皇帝，案情肯定非常严重，必须由“大学士、军机大臣，会同九卿科道等严鞫”[1]。务必查明真相，解我心头之恨！

皇帝震怒，大臣们也吓破了胆，磕头像捣蒜一样，纷纷领旨离去，赶紧照办。

---

[1] 《清仁宗实录》，卷一〇九。

二、凶手招供

刺客被带到了刑部大堂。大学士、军机大臣和刑部尚书连夜开审。按照朝廷的规矩，如果凶手拒绝招供，就得大刑伺候。不过，几个大臣一商量，决定不动大刑。这又是为什么呢？

原来，刺客在被擒之前挨了侍卫一脚，受了内伤。刑部的仵作（相当于法医）鉴定后认为，这个伤比较重，倘若继续动刑，没准会要了刺客的命。大臣们一听，面面相觑。万一真要是严刑逼供，在真相大白之前就把这位朝廷钦定的重犯弄死了，到了皇上面前谁都说不清。

既然不能刑讯逼供，那靠什么让犯人开口呢？大臣们决定搞车轮战。审案官员轮流值班，一天二十四小时连续审讯，不让犯人睡觉，最后把犯人熬到精神崩溃，自然就会招供。

这个做法很缺德，也很管用。刺客很快就招供了。在中国第一历史档案馆收录的嘉庆朝上谕档里，详细记载了刺客的口供。我们它整理出来，摘编成三个部分：

一是个人身世。

刺客名叫陈德，47岁，土生土长的北京人，从小跟父母到山东，辗转多地。父亲给官员家为奴，自己也在山东娶了老婆。后来，父亲死了，自己在山东混不下去了，就回到北京投靠堂姐。辗转在几个官宦人家帮工当厨子。膝下俩儿子，老大陈禄儿，15岁；老二陈对儿，13岁。

二是作案过程。

就在几天前，陈德看到街上黄土垫道、净水泼街，他估计皇上可能就要回宫了。他通过朋友关系，打听到皇上可能在二十日中午回宫。于是，算准日子，准备作案。

二十日这天早上，陈德怀揣短刀，带着大儿子陈禄儿到东安门内的一家饭铺里喝酒。俗话说，酒壮怂人胆。喝完以后，爷俩就进了紫禁城的东华门，从西夹道绕到神武门，藏在西厢房后面。等嘉庆帝的车驾一出现，停在顺贞门前时，他就拔刀冲出行刺，结果作案未遂，被摁倒在地。儿子陈禄儿见状大哭，趁乱溜出了神武门。

去过故宫的朋友肯定都知道，从东华门到神武门，几乎相当于绕紫禁城半圈。一个厨子怎么可能轻松进入戒备森严的皇宫，又能大摇大摆地绕场半周，躲藏起来呢？

陈德的解释是，自己在内务府官员家做帮工，经常进出紫禁城送东西，熟悉宫里布局，知道如何应付守军盘查。大清早的，估计东华门守军大兵睡眼惺忪，既然看不出破绽，也就懒得搜身，放他们爷俩进去了。

三是作案动机。

前年春天，陈德的老婆病故，只留下他自己。陈德带着两个未成年的儿子，还得赡养卧病在床的岳母。对于一个收入微薄的临时工厨子来说，生活负担陡然加重。陈德终日心情不畅，借酒浇愁，酒后哭闹。东家怕陈德酒后惹事，干脆解雇了他。

陈德一家原本住在东家的宅子里。既然工作都丢了，房子也住不成了。他走投无路，只好领着儿子，背着岳母，投奔堂姐家。到了才知道，堂姐刚刚去世，全家人正在披麻戴孝办丧事。何况他家房子也很小，根本住不下这么多人。陈德只好又去找朋友帮忙。

总算是有好朋友愿意收留，将他一家暂时安置在东华门外小甜水井胡同的一处破旧宅院里。可是，这只是“暂住”，并非长久之计。陈德还得去找工作，挣到银子，养活全家，等有财力了再出去租房子。可是，花了半个月，非但没找到活儿，反而为了换点钱买口粮，还把衣服送进了当铺。他终日借酒浇愁，还跟人吵架动刀子。

陈德确实觉得活着没劲，不想活了。但他似乎没有自杀的勇气，于是选择了行刺皇帝。

陈德明知道，行刺皇上是大逆不道，肯定是死罪，可为什么还要这么做呢？原因有二：一是可以死得名扬天下，不枉在人世间走一遭；二是可以死得痛快，要么被大内侍卫们乱刀砍死，要么被审案的官员拷打致死。

可是，他没想到，大内侍卫如此窝囊，关键时刻反应竟如此迟钝；审案官员如此谨慎，竟然对自己“文明执法”。就连“死得痛快”这样的“期待”，都没能兑现。

最后，陈德一口咬定行刺是自己所为，没有同党，没人指使。

案情讲到这里，似乎已经真相大白。审案大臣们都听懂了：升斗小民，生活艰难，走投无路，铤而走险。这份供词，于情于理都说得通，应当采信。于是，大臣们决定据此上报，赶紧交差。

那么，当嘉庆皇帝看到这份供词，又会作何感想呢？在中国古代社会，谋杀皇帝那是灭门大罪，嘉庆皇帝又将怎样处置陈德一家人呢？

三、老臣插嘴

案卷送到嘉庆皇帝的桌案前，恰好老臣王杰也在场。他是来向皇上辞行的。几天前，皇上批准他告老还乡。

说起王杰，很多观众可能并不熟悉。可是，他的死对头和珅却是大家耳熟能详的人物。

王杰与和珅同为乾隆末年的军机大臣，深受乾隆皇帝信任。不同的是，王杰为人正直，和珅贪财好利。

那时候，和珅权倾朝野，王杰很看不惯，但又无可奈何。于是，每次到军机处上班，除了讨论公务之外，王杰都躲着和珅，找个最远的地方待着。就算和珅主动搭腔，他也是哼哼哈哈，爱搭不理。

和珅不是省油的灯，知道王杰不喜欢他，还偏要套近乎。一天，他跟王杰走在一起，摸着王杰的手，笑眯眯地说："这手好软啊！"听听，话从和珅嘴里说出来，是赞美，还是挑衅？

王杰呵呵一笑，回应道："我的手虽然好，但不会要钱。"和珅一时语塞，非常尴尬。

王杰跟和珅不冷不热的僵局，一直维持到嘉庆帝亲政。有句老话叫"和珅跌倒，嘉庆吃饱"。嘉庆帝迅速收拾了和珅，扣上二十条罪状，赐他自尽。和珅积攒几十年的巨额财产，大部分流入内务府，成了嘉庆皇帝的私房钱。王杰还参加了案件的审理。事后，他也一直受嘉庆帝的重用。

如今，王杰老了，要告别政治舞台了。嘉庆帝可能有些留恋，就把这份案卷交给王杰，让他发表看法。

王杰知道，这是自己最后一次给朝廷出谋划策了。虽然年近八旬，他却一点都不糊涂。翻阅案卷后，稍加思索，说了这样一番话：

陈德为庖厨之贱，安敢妄蓄逆谋！此必有元奸大憝主贿以行，明张差之事，殷鉴犹存。[1]

王杰是说，陈德就是个厨子，怎么可能蓄意谋反？背后一定有坏人唆使。

王杰提到的张差，是明朝万历年间“梃击案”的重要角色。

万历年间，太子朱常洛由于母亲出身卑微，虽然因年长而被立为皇太子，但不太得宠。万历皇帝宠爱郑贵妃，也爱屋及乌地喜欢郑贵妃生的小儿子朱常洵，就想改立朱常洵为太子。但是大家知道，废立太子相当于动摇“国本”，大臣们群起反对。即便贵为皇帝，无论郑贵妃怎么吹枕边风，万历皇帝也不能随随便便就拍板。

既然老公下不了手，郑贵妃就打算先下手为强，把太子朱常洛害死，造成皇储之位空悬的既成事实。这样，自己的儿子朱常洵上位也就变得顺理成章了。因此，为了谋害朱常洛，她就派太监到宫外找了个打手，许他好处，让他掂着棍子到太子宫里行凶。

当然，这事没成，打手虽然径直闯到太子居住的慈庆宫附近，打伤了守门太监，但还是被太子的内侍活捉了。送到都察院一审问才知道这个打手名叫张差。跟陈德一样，张差的家境也不好。王杰拿张差举例，就是要证明自己的观点：陈德行刺，很可能也是受人指使。

---

[1] ［清］昭梿：《啸亭杂录》，卷四，北京：中华书局，1997年。

虽然是“梃击案”的主谋，可是由于万历皇帝的偏袒，郑贵妃并没有被揪出来。最后只是把张差和两名涉事太监处死了事。这件事在朝野上下引起了巨大争议。有默许的，有反对的，促使明朝末年的党争更加激烈，而这恰恰是明朝灭亡的重要原因。

清朝皇帝一直很重视吸取明朝灭亡的教训，避免重蹈覆辙。王杰提到“张差故事”，让嘉庆帝陷入了深思。随后，嘉庆帝把审案大臣臭骂一顿，下令深挖幕后主使，不惜大刑伺候！

四、严刑逼供

有皇上的严旨，军机大臣和刑部堂官肯定不敢怠慢。于是，陈德的两个儿子、亲戚朋友、街坊邻居、先前雇主全被抓了起来，隔离审讯。可是，大家众口一词，都说不知道陈德有什么谋反的举动，也没见过跟什么闲人有来往。总之，大家都认为，陈德没有犯罪前科，是个良民。

刑部对陈德的审讯也升了级。文明执法没了，各种刑具摆在他面前。问题只有一组：行刺皇上这件事，你究竟是受何人指使？有无同党？倘若不如实招来，那就让你尝遍各种酷刑！

陈德坚称，行刺皇上，只是因为养不起一家老小，情急之下，自寻死路。这件事是自己一人所为，没人指使，也没有同党。

“好小子，看来不动大刑你是不打算说实话了！来人呀，大刑伺候！”

大清朝的酷刑非常残忍，此处省去一百个字。总之，陈德疼得嗷嗷直叫，鲜血直流。或许陈德自己也觉得，如果不胡说八道点什么，恐怕过不去这关。于是，他开始断断续续地瞎编了：

他说，乾隆五十七年到嘉庆二年（1792–1797年），他在正阳门求了五次签，每次都是上上签。嘉庆二年到三年间（1797–1798年），他做过几次梦，梦见自己进了太子东宫、知府大堂，甚至穿上了黄龙袍，将来“必有朝廷福分”。此次行刺皇上，就是打算“因祸得福”。

审案的军机大臣们一听就知道，这些供述都是胡说八道。可是，看着被酷刑折磨得血肉模糊的陈德，倘若再审下去，真的要出人命了！

大刑也用了，证人也找了，参加审案的高官们得出的一致结论是：陈德行刺纯粹是一人所为，动机是失业穷困、求签问卦、白日做梦、神经错乱，所以才干出这种事。因此，陈德行刺嘉庆帝，实属突发、孤立和偶然事件。

然而，这样的审问结果，嘉庆帝能满意吗？

嘉庆的老师朱珪画像

五、凌迟处死

嘉庆帝当然咽不下这口气。可是，大学士朱珪的一句话点醒了他。

朱珪之于嘉庆，既是老师，又是左膀右臂。嘉庆帝对他几乎是言听计从。朱珪说，倘若继续审，陈德可能会在刑部大堂上被折磨死。如此一来，不但凶手得以逃脱，而且没法给天下人一个交代，甚至会让全国百姓觉得皇上是个暴君，刻意隐瞒了什么。陈德也可能死不了，而是被折磨疯，乱咬人。到时候案子无限扩大，搞得人人自危，国家就乱套了。所以，朱珪建议，采纳大臣们的审案结论，该怎么办，就怎么办。嘉庆帝很不情愿地同意了。

闰二月二十四日（4月15日），也就是案发四天以后，嘉庆帝传旨，宣布陈德行刺案的处理结果：

第一，陈德按谋反罪凌迟处死，就是千刀万剐，而且要让他多受会儿罪。两个儿子未满16岁，免于死罪，发配黑龙江为奴。

第二，被牵连抓进监狱的亲戚朋友、街坊邻居、先前雇主等人，无罪释放。

第三，对出手救驾的定亲王绵恩和两个“多尔济”，以及摁倒陈德的几个侍卫，要给予嘉奖。

第四，对当时在场的官员和侍卫们一顿臭骂，说他们平时没少吃朝廷俸禄，一遇到事儿就袖手旁观，还有什么用！紫禁城的守军官兵，有六十多人因失职问罪，或发配，或革职，或降级，或罚俸。

第五，发了一道罪己诏，说自己当皇帝八年，没招惹过谁。这事罪在陈德一人，不深究了。可是，社会风气江河日下，犯上作乱越来越多。做皇上的，担忧之余，只能自我反省，修身立德，勤政爱民。

大臣们一听案子要结了，当然喜形于色。这四天四夜，可把大伙折腾惨了，生怕陈德因为受刑不过而胡说八道，把自家亲戚咬出来。

皇上圣旨一下，就有大臣为表忠心，说陈德的两个儿子也是“逆种”，不能留着。于是，嘉庆帝顺水推舟，下令破例，这两个小孩不用去黑龙江了，也押到菜市口处死。由于年纪小，就不用千刀万剐和砍头了，改为绞刑。

我想，这些大臣一定是幸灾乐祸过了头，才会出这么缺德的主意。殊不知，事情没有完，更大的麻烦还在后面！

六、难言之隐

陈德父子死了，死得很惨。陈德行刺，有点像恐怖袭击，是他个人的悲剧，也是时代的悲剧。它暴露了清代中叶的四大弊病，说明清王朝衰相已露，开始走下坡路了：

第一，百姓：生活困苦不堪。

整个乾隆朝，中国人口从1.41亿涨到2.92亿，物价涨了3倍，但耕地总量反而从雍正十二年（1734年）的8.2亿亩减少到乾隆四十九年（1784年）的7亿亩。粮食亩产量也只是基本稳定在三百多斤的水平，略有增长。吃饭的人多了，人均耕地和人均占有粮食就减少了，粮食就不够吃了。

到了嘉庆年间，虽然耕地和粮食亩产量基本稳定在乾隆末年水平，但人口突破了3亿，人多地少、人多粮少的矛盾更加突出。由于天灾连年和土地兼并，走投无路的饥民更多。陈德是个小人物，他的悲剧，正是当时相当一部分中国老百姓生活状态的缩影。

人口膨胀，物价上涨，天灾仍频，在今天也是世界性难题。在当时，以乾隆君臣的知识水平，当然想不出破解高招。乾隆说自己一想到这些事，就会“蹙额兴叹”。皇上都要摸着脑门子叹气，这事在当时真的不好办。

第二，官场：腐败深入骨髓。

紫禁城的红墙内外，应该划定警戒区，无关人员禁止入内。对于确要进宫的人，也得加强安检。可是，这些大兵显然太不负责任。

那时候没有X光机，安检等同于搜身。敢进紫禁城的人，非富即贵，大兵们轻易惹不起。而且，大兵们的薪水并不高，但物价连年上涨，饭都吃不饱，又有什么动力干这得罪人的活儿呢？

这些大兵还说不得，他们都是八旗子弟，根正苗红脾气大，搞不好在关键时刻撂挑子，让皇帝老儿也难堪。

既然当兵的如此难管，那些管大兵的官员们也就睁一眼闭一眼了。紫禁城的守备形同虚设，给陈德混进宫里提供了很好的条件。

而那些个大内侍卫呢？虽然天资不错，武艺高强，但他们缺乏理想信念教育，缺乏关键时刻挺身而出的意识；平时训练不勤，经验不足，碰到突发情况没有应对预案。总之，当皇上的保镖，他们不合格。

这些现象，只是当时官场腐败的缩影。腐败已经侵入清王朝的骨髓，难以根治。

第三，皇帝：治标不治本。

嘉庆做出罪及一人的决断，没有扩大事态、酿成冤案，这是可取的。事后，他也扪心自问：我没招谁没惹谁，刺客为何要冲我下手？

问题提出来了，可他没有认真反思，也就找不出解决办法来防微杜渐、避免重演。显然，嘉庆帝做事，头疼医头，脚疼医脚，就事论事，治标不治本。

举国上下，几百万人吃不饱饭，流离失所，作为一国皇帝，怎能没有责任？难道这不是招惹百姓吗？

由于没找到病根，嘉庆帝也没有拿出多少让老百姓吃饱穿暖、安居乐业的有力举措，而是继续着自己苦行僧式的努力，修身立德，勤政节俭。然而，这些做法都无助于改善民生、打动百姓。

嘉庆帝的大臣们更靠不住。他们没有是非，只认圣旨，皇上让干什么就干什么。除了痛哭磕头，谢主隆恩，似乎什么都不会做。没了开拓精神、创新意识和改革勇气，只剩下沉默不语和墨守成规。

第四，皇宫：留下无穷后患。

嘉庆十年（1805年）二月二十日，即陈德行刺过去两年后，神武门又出事了。

神武门

有个名叫刘士兴的家伙，扛着把铁枪，想从神武门硬闯进去。守门大兵上前盘问，被他抽刀乱砍。好几个大兵倒在血泊中。其他大兵们见状，纷纷抄起锅碗瓢盆、桌椅板凳——注意，不是刀枪棍棒——冲了过去。仗着人多势众，把刘士兴摁倒在地，一顿胖揍。可能是下手太狠，把刘士兴打死了。

事后，护军统领竟向嘉庆帝报捷。嘉庆帝一听就觉得不对劲。他问，这么多大兵阻拦一个人，为什么还会有好几人受伤呢？难道你们平常不抓训练吗？

护军统领答道，大兵们都没带兵器，赤手空拳搏斗，能赢就不错了。至于兵器嘛，都挂在了墙上。

嘉庆帝就质问：兵器为什么不随身携带呢？

他得到的答案相当奇葩：因为天下太平。

嘉庆帝听罢，哭笑不得。

这样的事还没完。又过了八年，也就是嘉庆十八年九月十五日（1813年10月8日）中午，白莲教的一个分支天理教策动起义，准备占领皇宫。他们派出两百多人从东华门、西华门潜入紫禁城。西华门这一路，甚至打到乾清门广场西侧的隆宗门外。隆宗门的匾额上至今犹存的箭头，见证了那场激烈的战斗。

幸好嘉庆帝当时不在北京，而在承德避暑。皇二子绵宁和一些大臣恰好在宫里，他们组织太监和守军拼死抵抗，激战一昼夜，才把这股起义军消灭。绵宁立了功，给嘉庆帝留下了好印象。几年后，他继承皇位，就是道光皇帝。

这起事件，历史上称为“紫禁城之变”。

后来查明，有几个看守皇宫大门的太监也加入了天理教，这才有机会把起义军放进来。西华门和东华门的守军猝不及防，一败涂地。

隆宗门及箭头

事发前，许多地方都获得了相关情报，但当地总督巡抚没当回事，全都敷衍过去了。

可以说，在紫禁城之变里，太监失职，守军失职，高官也失职。

难怪嘉庆帝回到北京，在罪己诏里表示，紫禁城之变的责任，全在各级官员“因循怠玩”。其实，嘉庆帝本人何尝没有责任！

嘉庆帝认为，紫禁城之变是“唐宋明未有之事”，对他本人打击很大。我觉得，陈德事件背后凸显的民生困境和腐败问题，一个都没解决，反而埋下了隐患。紫禁城之变就是陈德事件的升级版，它成了清王朝由盛转衰的标志性事件之一。

七、几点启示

陈德行刺事件，从不同的角度给我们留下了三点启示：

第一，决策者要懂得“水能载舟亦能覆舟”的道理。应当深入基层，关心老百姓的疾苦，关爱弱势群体，通过改革发展来保障和改善民生，切实为老百姓谋福利。遇到困难和问题，要善于总结经验教训，多从自己身上找原因，想办法，踏踏实实做好该做的事，而不要只停留在口头上，更不要怨天尤人。

第二，劳动者要干一行，爱一行，做好本职工作。岗位分工有不同，但都是在为国家和社会做贡献，薪水高低不是衡量人生价值的唯一标准。只有负起责任，人尽其才，把属于自己的那份工作做好，才能无愧于良心，才能得到更多人的尊重，为自己的职业发展打好基础，打开上升空间。任何玩忽职守、不负责任的做法，只会害人害己。守城大兵和大内侍卫们的教训，还不够深刻吗?

第三，对失败者来说，要用积极的心态面对失败，勇于改变命运。陈德活得很失败，命运很悲惨。遗憾的是，面对这些失败，陈德气馁了，甚至失去了活下去的勇气，转而破罐破摔，寻死觅活，甚至用行刺皇帝的方式，让自己“不白死”。这样做非常愚蠢，对卧病在床的岳母和尚未成年的儿子，都是不负责任的，也对不起他死去的妻子，更无助于解决他面临的困难和问题。

人的一生，磕碰难免。用平和的心态看待，用积极的态度去查找失败原因，自力更生，对症下药，创造条件，解决困难，转败为胜，从而扭转不利局面，改变自己的命运，不是更好吗?

一个连皇宫大门都看不住的王朝，历史教训的确发人深省，值得深思。只有不断地解放思想、改革创新，只有深入关心基层社会的疾苦，我们的决策才会接地气、更科学，我们的执政水平才会更进一步，我们的国家和民族才会持续发展，更有活力。

嘉庆名片

姓名：爱新觉罗·颙琰（1760−1820年）

职业：清朝第七位皇帝，清入关后第五位皇帝

父亲：清高宗弘历

生母：魏佳氏

排行：第十五子

出生地：北京西郊圆明园

代表作：《嘉庆御制诗文集》

启蒙老师：朱珪

家庭成员：2位皇后，2位皇贵妃，4位妃，6位嫔，3位贵人。5个儿子，9个女儿

得意之作：铲除和珅

历史评价：《清史稿》认为，嘉庆留下的最大遗憾，就是“吁咈之风，未遽睹焉”。意思是说，迂腐之风，没能立即阻止。

阎崇年认为，嘉庆的悲剧在于，认为天下的问题都是由于和珅不好、百官不好造成的，而没有从自身找责任，也没有从制度挖根源。嘉庆在二十五年的皇帝生涯中，虽一件一件地解决乾隆盛世留下的危机，却又一步一步地陷入更深的危机。乾隆朝盛世下的危机，到嘉庆朝更加深重。

张宏杰认为，从亲政初期的伟大，到谢幕时的尴尬，嘉庆的滑落曲线如此令人叹息。他二十多年的统治，前面连着“康乾盛世”，紧接其

后的则是“鸦片战争”。正是在嘉庆皇帝的统治下，大清王朝完成了走向万劫不复的衰败的关键几步。

参考文献

《清仁宗实录》（影印本），北京：中华书局，1985年。

故宫博物院掌故部编：《掌故丛编》，北京：中华书局，1990年。

《清代笔记小说大观》，上海：上海古籍出版社，2007年。

潘洪钢:《明清宫廷疑案》，北京:中国社会科学出版社，2004年。

第七集 垂帘听政之谜

说起“垂帘听政”，许多朋友都会联想起李翰祥先生导演的电影《垂帘听政》，以及其中扮演慈禧太后的刘晓庆、扮演咸丰皇帝的梁家辉、扮演恭亲王奕䜣的张铁林。可以说，这部电影和这三个角色给我们留下了深刻印象。那么，什么是“垂帘听政”？这个制度又是怎样形成的呢？

1861年，31岁的咸丰皇帝英年早逝，留下慈安和慈禧两宫太后，以及6岁的独子载淳，也就是后来的同治皇帝。咸丰皇帝临终前钦定肃顺、端华等八位大臣为顾命八大臣。而慈禧与慈安却暗中联手咸丰皇帝的弟弟恭亲王，发动了“辛酉政变”，革除八大臣，取得了皇权的实际控制权。“辛酉政变”是中国历史的重要转折点，从此，慈禧太后利用垂帘听政的制度，实际执掌清朝朝政将近半个世纪。

根据史料研究，慈禧太后的出身并不十分显赫，因为生下了咸丰皇帝惟一的儿子而母凭子贵。那么这位居于深宫之中的妇人慈禧，她究竟是如何抓住时机夺取了权力？她推行的“垂帘听政”制度将会把亿万中国人的命运带向何方？又给我们带来哪些启迪呢？

让我们回到那段风云诡谲的日子，重温那段杀机无处不在的“垂帘听政之谜”。

一、什么是“垂帘听政”

在讲“垂帘听政”的故事之前，我们应该先弄清楚三个问题：

什么是“垂帘听政”？慈禧太后在哪儿“垂帘听政”？“垂帘听政”是不是慈禧的专利？清朝以前有没有“垂帘听政”的先例？

（一）什么是垂帘听政

电影《垂帘听政》里，小皇帝端坐在龙椅上，后面坐着两位年轻的皇太后。龙椅之后，太后面前，悬着一块半透明的帘子。跪在皇帝面前的大臣，抬起头来基本看不清太后的脸。大臣们汇报工作时，小皇帝基本不说话，大事小情都要帘子后面的太后拍板。这种决策者开会议事的形式，就被称为“垂帘听政”。显然，小皇帝是摆设，拿主意的是太后。

小皇帝是咸丰的独子载淳。两位太后分别是慈安和慈禧，前者是咸丰的皇后钮祜禄氏，后者是咸丰的懿贵妃叶赫那拉氏。由于叶赫那拉氏

慈禧太后朝服像

慈安太后便服像

是小皇帝载淳的生母，故而也能升格为太后。

（二）在哪儿垂帘听政

从雍正到咸丰的几个皇帝都爱在养心殿办公。养心殿分为前殿和后殿。皇帝在前殿上班，后殿休息。前殿分为正厅、东暖阁和西暖阁。正厅设有龙椅和御案，供皇帝处理政务，召见大臣。正厅东侧有个小屋，设炉取暖，还有暖炕，故得名“东暖阁”。这儿就是两宫皇太后“垂帘听政”的地方。

她们为何选在这里“垂帘听政”呢？我觉得有三个原因：

一是避开闲言碎语。太后本该颐养天年，现在却要垂帘听政，替皇

养心殿东暖阁，也是两宫皇太后垂帘听政的场所

帝处理朝政。这在清朝历史上尚属首次。养心殿正厅都是先帝处理朝政的地方，太后不是皇帝，不便在那儿听政，但她们又不想让听政的地方离养心殿太远。选在东暖阁听政，就是向外界宣示：垂帘听政是权宜之计，不会长久，但是“垂帘听政”期间，太后说了算。

二是增添宫廷阳气。参观过养心殿正厅的朋友可能都会感觉阴森，浑身冒凉气。两宫皇太后也有同感。按照中医说法，一般讲，女性阴气较重，阳气不足，呆在阴森的养心殿正厅一定不舒服，而在东暖阁，可以取暖弥补阳气，舒适一些。

三是缩小决策圈子。东暖阁的面积比养心殿正厅要小，容不下太多人，便于两宫皇太后召见少数大臣，商议重要事宜。空间的局促，使决策圈子自然缩小，客观上加强了君主专制的权威。

慈禧为什么不用西暖阁呢？西暖阁是乾隆的佛堂和书屋，没人敢随意使用，包括慈禧。

考虑到既要在皇帝惯用的决策地点听政，又不能轻易僭越皇帝的规制，东暖阁就是“垂帘听政”的最佳地点了。

其实，东、西暖阁不光养心殿有，乾清宫、坤宁宫，甚至承德避暑山庄都有。

（三）“垂帘听政”有无先例

在历史上，“垂帘听政”跟慈禧有缘，但并非始于慈禧。

“垂帘听政”最早出现在战国时期。公元前266年，赵惠文王去世，继位的儿子赵孝成王年轻，就由赵太后（赵威后）垂帘听政，在廉颇、蔺相如等人的辅佐下治理赵国。然而，赵国在长平之战中全军覆没，都城邯郸被秦军包围。赵太后听从谋士触龙的建议，派她最喜欢的幼子长安君到齐国当人质，换取齐王派兵救援，解了邯郸之围，在历史上留下了“触龙说赵太后”的经典故事。

东汉第四个皇帝汉和帝去世后，刚满百天的儿子刘隆继位。朝廷大事只好交由汉和帝的遗孀邓皇后处理。邓皇后晋升为邓太后，临朝“垂帘听政”。当时女性参政，多有不便，邓太后的兄长邓骘就担任车骑将军，加以辅佐。刘隆比较悲催，不到1岁就夭折了。邓太后就立汉和帝的侄子清河王刘祜为汉安帝。可是刘祜只有13岁，邓太后就继续垂帘听政，直至十六年后她去世为止。

唐朝的武则天，北宋的刘太后、高太后，辽朝的萧太后，也都实行过“垂帘听政”。从这些先例中，我们不难发现，历代“垂帘听政”有四个共同特点：

第一，“垂帘听政”通常在皇帝年幼登基时出现。一般由皇太后代行理政。这个皇太后，或许是皇帝的生母，或许是前朝皇后、重要嫔妃。

第二，“垂帘听政”中的“垂帘”，是基于传统的“男女授受不亲”，以及皇权神圣不可侵犯的理念。这道帘子使大臣不能直接观看和接触皇太后。

第三，“垂帘听政”的方式很多，但都是太后拍板。有时候，太后跟大臣直接对话并拍板，皇帝只是摆设；有时候，皇帝会跟大臣对话，太后在幕后听，遇有争议才会发话，大事由太后决断。

第四，“垂帘听政”很少主动收场。要么是太后熬成了皇帝，比如武则天，撤帘称帝；要么太后去世，皇帝长大，“垂帘听政”自动结束。皇太后在“垂帘听政”多年之后，主动“归政”的情况很少。这说明，权力的诱惑不分性别。

清朝的垂帘听政，不是首创，跟历代相比，有四点不同：

第一，不是前代皇帝钦定和朝廷制度法定，属于“抢来的权力”。

第二，两个太后一起听政，而且替前后两个皇帝“垂帘听政”，实属独创。

第三，太后两次主动“归政”，把名义上的大权交还给皇帝，史上罕见。

第四，“垂帘听政”维持时间史上最久，近三十多年。

既然清朝的“垂帘听政”并非法定，而是“抢来”的，那么前代皇帝（咸丰）钦定的权力体制究竟是什么呢?

二、垂帘听政之前的权力安排是什么样的

咸丰十年（1860年）八月，英法联军攻占北京，火烧圆明园。咸丰皇帝带着后妃、皇子和一众大臣，风尘仆仆，匆匆离开北京，赶赴承德避暑山庄。时已深秋，避哪门子暑啊？分明是避难！

避暑山庄从没有在这个季节接待过大清皇帝。天子突然驾到，当地官员措手不及，伙食供应当然比北京差得多。更糟糕的是，这个避暑胜地从来都没考虑过冬季取暖的问题，所以一到冬天，屋里冰冷，即便点上火炉，也没有养心殿的暖阁舒服。在这样的环境里居住，加上京城陷落、被迫签署不平等条约带来的屈辱，令年纪轻轻的咸丰皇帝，情绪十分低沉。

咸丰帝朝服像

心情不好，在某种程度上会加重病情。以前就身体虚弱的咸丰皇帝，哪经得起这样的内外摧残！

转过年来，刚过而立之年的咸丰皇帝就吐血不止，卧病在床。有可能是患了肺结核或是肝硬化，在当时无药可救。咸丰知道自己来日无多，于是开始筹划权力交接的事了。最让他放心不下的，不光是内外交困的局面，更重要的是，年仅6岁的独子载淳，能否驾驭得了宫廷内部的三派势力。

这个答案显然是否定的。因为这三派势力都很厉害。

户部尚书肃顺是咸丰的宠臣，掌管朝廷财权，有追求、有主见，忠心耿耿，办差靠谱，而且“习知京城五城诸坊利弊”[1]，深知民间疾苦。然而，他为人“刚猛跋扈”，除了皇帝，不把任何人放在眼里，得罪了许多同僚。一次，他查办官办票号投机倒把，发现票号的后台就是奕䜣。王爷当然问罪不得，肃顺就把恭亲王府的首领太监抓了治罪。即便如此，还是得罪了奕䜣。不过，有咸丰撑腰，谁也不敢怎么着。肃顺麾下麇集了一批满洲贵族，形成帮派，权倾朝野。

懿贵妃叶赫那拉氏，是载淳的生母。不仅母以子贵，几年间就从兰贵人变成了皇贵妃。她粗通文墨，聪明伶俐，很会来事，深得宠爱。不过，懿贵妃跟肃顺关系不睦。逃难路上，懿贵妃坐了辆破车，颠得难受，要求换车。管后勤的肃顺竟把她训了一顿，说皇后都坐破车，你搞什么特殊！到了承德，伙食很差，懿贵妃怀疑肃顺从中克扣，手脚不干净。虽然都是鸡毛蒜皮的小事，但时间久了，就结下了梁子。

恭亲王奕䜣是咸丰的六弟。由于深受道光宠爱，一度成为咸丰皇帝当初继承皇位的潜在竞争者，险些取而代之。虽然咸丰帝是最后的胜利者，但在他眼中，这个弟弟始终是个威胁。于是，他表面上对弟弟百般呵护，其实“呵护”是假，刁难和监视是真。恭亲王的封号是咸丰给的，虽说出自成语“兄友弟恭”，表面上强调兄弟和睦，其实“兄友”不是关键，“弟恭”才是要害，咸丰皇帝是要奕䜣恭顺听话，别耍心眼。1860年，咸丰把奕䜣留在京城，跟英法联军周旋，顺便置他于死地。没想到，奕䜣不仅跟洋人签了《北京条约》，用割地赔款换取洋人撤兵，而且安抚京城百姓，恢复社会秩序。更重要的是，奕䜣看到中西差距巨大，主张“中外和好”，拉拢留京大臣，学习西方技术，掀起洋

---

[1]　费行简：《近代名人小传》，台北：文海出版社，1967年。

清政府与英法俄签署《北京条约》

务运动。而肃顺主张对外强硬，反对跟洋人打交道，跟奕䜣有分歧。

清朝初年，顺治和康熙都是幼年登基，于是分别出现了摄政王多尔衮和权臣鳌拜专权跋扈的一幕。咸丰帝担心，肃顺变成鳌拜，奕䜣变成多尔衮，顺治和康熙幼年的那段不幸的经历，会在自己的儿子身上重演。

咸丰帝还想起了一个故事。汉武帝晚年，杀掉了太子刘弗陵的生母钩弋夫人。汉武帝这么做，是考虑自己来日无多，刘弗陵年仅8岁，为防止钩弋夫人借机干政，重演吕后临朝独揽大权的旧事，以绝后患。如今，懿贵妃的情况跟钩弋夫人类似。肃顺曾建议咸丰效仿"钩弋故事"，杀掉懿贵妃。可是，咸丰是重感情的人，面对结发之妻，当然下不去手。不过，这倒是给咸丰提了醒，要想办法避免重演太后专权。

咸丰十一年（1861年）七月十六日，咸丰帝传旨，今天不看戏了。听到这一消息，大家都慌了。谁都明白：皇上连看戏的精神头都没了，怕是朝不保夕了。没错，咸丰昏迷了一整天，直到傍晚才醒。

次日凌晨子时三刻，他把幼子载淳和一众大臣叫到跟前，做出了后事安排：

第一，独子载淳为皇太子，也就是未来的皇帝。

第二，肃顺等八位大臣为赞襄政务王大臣，替小皇帝处理国家政务。

第三，赐给皇后钮祜禄氏一枚图章，印文是“御赏”。留给载淳一枚图章，印文是“同道堂”，由懿贵妃叶赫那拉氏代为保管。肃顺等人拟好的上谕，必须同时盖有这两个图章才能生效。

第四，恭亲王奕䜣“在京办理一切事宜，毋庸前赴行在”，不用来承德了。

这是一个奇怪的权力制衡体系。奕䜣没有差事，反倒被肃顺等人制约，肃顺又被懿贵妃制约。凭借“御赏”印，皇后既可制约肃顺，也可制约懿贵妃。皇后才是这个体系的枢纽人物。

皇后钮祜禄氏是何许人也？在电影中，她似乎是个傀儡，很轻易地就被懿贵妃给忽悠了。钮祜禄氏确实不识字，文化水平低，而且没生过儿子，看起来在宫里处于劣势。其实，她能稳坐后宫之主十年，没被丈夫嫌弃，就很不简单。钮祜禄氏表面上忠厚老实，实际上大智若愚，成功驾驭了六宫嫔妃，决非任人摆布之辈。咸丰赐“御赏”印，说明对皇后最信任。

这样的安排，看似天衣无缝，其实漏洞百出。不盖两枚印章，上谕就不生效。这样，皇后能制约肃顺，肃顺却制约不了皇后。因此，这个权力制衡体系要想正常运转，肃顺必须团结皇后。然而，皇后钮祜禄氏根本看不上肃顺，原因有二：

一是肃顺出入避暑山庄大大咧咧，很随便，让钮祜禄氏作为后宫之主没面子。

二是咸丰纵情声色，肃顺极力逢迎。钮祜禄氏眼看丈夫颓废，当然心疼，觉得肃顺就是个拉皮条的，心术不正，把皇上带坏了。

显然，肃顺已经陷入孤立。那么，他还能扳回一局吗？

向大臣们传达遗诏后，咸丰屏退所有人，单独召见了皇后钮祜禄氏，说了一番夫妻之间的悄悄话。至于说了什么，谁也不知道。后面我们会猜测一番。

跟皇后说完话，咸丰觉得有点饿，传旨御膳房弄点吃的。可是，还没等吃上，他就匆匆离去，一命归西，年仅31岁。

咸丰走了，撇下他亲手设计的权力制衡体系。但是这个体系能稳定运行吗？两宫皇太后“垂帘听政”的局面，又是怎样形成的呢？

三、垂帘听政的局面是怎么形成的

咸丰驾崩，皇后和懿贵妃都晋升为皇太后。肃顺等八大臣也各就各位，履行“赞襄政务”的职责。权力制衡体系看似正常运转，但矛盾也在升级。矛盾的双方，主要是肃顺和慈禧。双方的气势也呈现此消彼长的态势。可分为五个阶段。

第一阶段，初次较量。

按照咸丰遗诏，肃顺等八大臣看完各地奏折，拿出意见，草拟谕旨，然后请两宫皇太后盖章，颁布施行。慈禧发现，如果不看原先的奏折，根本不知道谕旨的内容是否合适。那么，盖章还有什么用？怎么监督制约肃顺等人呢？于是，她把这个情况告诉了慈安。

慈安对肃顺早有成见，又担心大权旁落，便跟慈禧结盟，要求肃顺在送谕旨时，连同奏折一起拿来。肃顺先是不乐意，没过几天，居然同意了。

奏折是送来了，可是数量太多，慈禧和慈安别说看懂，连看完都费劲，把自己累够呛不说，到头来还得认可肃顺等人起草的谕旨。原来，肃顺早就想好了：你不是想看奏折吗？全给你，看死你！显然，肃顺赢了。

第二阶段，叔嫂通气。

慈禧当然不甘心。她发现，远在京城的小叔子奕䜣跟肃顺也有矛盾。倘若叔嫂结盟，就能扳回一局。可避暑山庄满是肃顺的眼线，怎样才能联系上奕䜣呢？

一天，慈禧的贴身太监安德海跟慈安的贴身宫女打架。慈禧闻讯大怒，下令将安德海送回京城，交内务府严办。其实，这是两位太后合谋的苦肉计。借此机会，安德海怀揣慈禧的秘密懿旨，大摇大摆地回到京城，跟奕䜣接上了头。奕䜣看了慈禧的这道懿旨，心领神会，马上写了份奏折，要求来承德奔丧。两位太后收到这份奏折后，当即批准。

这回，轮到肃顺为难了。先帝明令不许恭亲王前来奔丧。然而，奕䜣是弟弟，给哥哥奔丧也没啥不对的。况且嫂子都同意了，你外臣再来阻拦，于情于理都说不过去。无奈之下，肃顺等人只好附议照办。只不过，奕䜣在北京，肃顺在承德，都做了周密部署，双方剑拔弩张，暗流涌动。这一次，慈禧成功地实现了瞒天过海，而肃顺则在新情况面前失算，有点放水了。显然，慈禧赢了。

第三阶段，哭灵风波。

八月初一日清晨，奕䜣赶到承德避暑山庄，冲到咸丰灵前，扑倒在地，放声大哭。至于有几分真情，几分表演，只有他自己清楚。不过，在中国传统社会，亲情压倒一切。奕䜣用这一哭在警告肃顺等人：我才是咸丰最亲的人！

哭完之后，奕䜣提出，吊唁哥哥，怎能不见嫂子！我要见嫂子！

肃顺早有准备，立即放话说：叔嫂年轻，理应回避，传出绯闻，影响不好。再说，全国都披麻戴孝，停止娱乐活动，小叔子却要见嫂子，这不合时宜吧！听听，这话够缺德的。

肃顺狠毒，奕䜣更鬼。他说，既然怕闹绯闻，那就请几位大人陪我一起去见吧。奕䜣这话，口气谦恭，但绵里藏针。

肃顺没想到奕䜣会这么说，当然不好意思去当“电灯泡”，只好不情愿地说：“老六，你与两宫是叔嫂，何必让我辈陪呢？”

奕䜣赢了，五天内两次单独面见两位太后，谈了些什么，肃顺一无所知。随后，奕䜣连夜离开承德，抄小路返回北京。肃顺放虎归山，留下后患。

第四阶段，御史上奏。

北京城里也闹翻天了。御史董元醇奏请皇太后垂帘听政，选派亲王辅政。这分明是否定八大臣辅政体制，跟肃顺对着干。

董元醇何许人也？他的老师周祖培是当朝大学士，跟奕䜣同党，跟肃顺有仇。很显然，这份奏折的幕后指使者，就是奕䜣。董元醇就是被拿来当枪使的。

奏折送到承德，两位太后支持，八大臣反对。八大臣里的载垣当着小皇帝的面，冲着两位皇太后大声嚷嚷：

> 臣等是赞襄幼主，不能听命于皇太后，请皇太后看折亦为多事。[1]

意思是说，我们是辅佐小皇帝的，不会听太后的，让太后看奏折也是多此一举。

载垣这话，虽然符合咸丰遗诏的本意，但八大臣表现得咄咄逼人，把小皇帝吓坏了。他躲在慈安太后的怀里大哭，甚至尿了裤子。慈安也被吓哭了，慈禧则暴跳如雷，跟八大臣对吵。两宫和八大臣公开撕破脸了。刘晓庆主演的故事片《垂帘听政》，就再现了这次激烈争吵的场景。

八大臣拟了一道谕旨，把董元醇数落了一通，两宫皇太后拒绝盖章。八大臣见状，决定罢工，让国家中枢停摆。两位太后担不起这责任，只好盖章。

肃顺又赢了，弹冠相庆；太后又输了，哭如泪人。

其实，慈禧并非完败。奕䜣集团的大臣们彻底明白：太后跟肃顺也有矛盾。他们坚定了跟两位太后结盟的决心。肃顺也非完胜。他把小皇帝和慈安太后吓哭了，直接将她俩推向了对手的怀抱。从战略上看，肃顺输了。

---

[1]　吴语亭编注：《越缦堂国事日记》，第一册，台北：文海出版社，1978年，第547页。

第五阶段，辛酉政变。

咸丰帝驾崩已满七七四十九天，守孝该结束了。小皇帝要回京登基，先帝灵柩也要运回京城举行国葬。肃顺决定，由八大臣里的载垣、端华护送太后和小皇帝，自己护送先帝灵柩。对于这个安排，慈安和慈禧没意见。

太后和小皇帝轻装前进，走得快；灵柩太重，沿途还要接受各方吊唁，走得慢。这中间的时间差，正好能被奕䜣利用。那时候又没有移动电话，没有移动互联网和微信、微博，一旦遇到状况，肃顺跟载垣、端华分处两地，根本联系不上。

这个问题，慈安、慈禧和奕䜣都意识到了，唯独肃顺忽略了。关键时刻，他犯了迷糊，或者说太轻敌。

九月二十八日，两宫皇太后和小皇帝抵达京郊。奕䜣前来迎接，并提供了绝密的可靠消息：在他的安排下，军方支持太后，沿途戒备森严，确保万无一失。新一届辅政班子由奕䜣提名，声望和资历不亚于八大臣。洋人撤兵，京城初定，而且有大臣正在写奏折弹劾八大臣。推倒肃顺的社会势力和舆论氛围正在形成。

两天后，两宫皇太后在养心殿召见奕䜣等人，控诉八大臣骄横跋扈，无法无天，欺负孤儿寡母。奕䜣等人非常配合，纷纷要求对八大臣治罪。慈安和慈禧当即拿出谕旨，宣布八大臣有三大罪名：

一是外交谈判失败，导致首都沦陷；二是阻挠咸丰回京，导致皇帝病死；三是阻挠两宫垂帘，拟旨阳奉阴违。决定将八大臣革职拿问，由奕䜣落实。

随后，奕䜣离开养心殿，向陪同太后和皇上回京的载垣、端华宣布

恭亲王奕䜣

谕旨。这两人听完谕旨，还想争辩，只见侍卫们一拥而上，直接将他俩摁倒在地。

肃顺护送咸丰灵柩走得很慢。行至密云，天色已晚，就在馆驿休息。半夜时分，睡梦中的肃顺被急促的敲门声惊醒。还没等他穿好衣服，一群大兵就冲进屋里，将他五花大绑，押往京城。这些大兵都是奕䜣派来的。肃顺一路上骂骂咧咧，可骂得再难听也无济于事了。到了京城，肃顺被投入宗人府，见到了载垣、端华，三人面面相觑，仰天长叹。八大臣中的其他五位，也束手就擒。至此，肃顺集团土崩瓦解。

经过一番装模作样的审问，载垣和端华因为是王爷，留了全尸，勒令自尽。肃顺则在菜市口斩首。其他五位“赞襄政务王大臣”也被撤职查办，政治生涯走到了终点。他们的罪名除了前面那三条，再加上一条最要命的：肃顺假传圣旨，自封“赞襄政务王大臣”，（由于咸丰遗诏是肃顺等人代笔的）。这分明是诬陷，但话语权属于胜利者，肃顺等人有口难辩。

肃顺给载淳拟定了“祺祥”年号，1861年是农历辛酉年，这场政变就被称为“祺祥政变”或“辛酉政变”。

慈禧和奕䜣废弃了“祺祥”，改用“同治”为年号，意思是两宫和亲王共同辅政。自此，“垂帘听政”格局正式形成。然而，这样的合作局面会稳定吗？

四、垂帘听政的局面能稳定吗

我们都懂得“三角形是稳定的”这一道理。三足鼎立，相互制衡，当然会很稳定。然而，其中一足消失后，还会稳定吗？肃顺、慈禧、奕䜣，就像三角形的三个角。有肃顺在，慈禧和奕䜣可以走到一起。如今，肃顺死了，慈禧和奕䜣能继续合作吗？

有人怀疑，慈禧跟奕䜣年龄相仿，或有私情，甚至还把这样的情节编成小说，拍成影视作品。这有可能受清朝初年“孝庄太后下嫁多尔衮”的影响。负责任地讲，慈禧与奕䜣的私情查无实据。

事实证明，没有永远的朋友，没有永远的敌人，只有永恒的利益。肃顺死后，慈禧与奕䜣的矛盾逐渐激化，发生了两次大的冲突。

同治帝朝服像

第一次，同治四年（1865年），有大臣弹劾奕䜣收受贿赂，徇私枉法。慈禧就势宣布免去奕䜣的一切职务。然而，此举招致满朝哗然，许多大臣上奏求情。慈禧见众怒难犯，只好给奕䜣复职。

第二次，同治八年（1869年），慈禧的贴身太监安德海私自出京，招摇过市。在奕䜣的默许下，山东巡抚丁宝桢先斩后奏，杀掉了安德海。慈禧明知理亏，哑口无言，更恨奕䜣了。

虽然冲突不断，但慈禧没占到什么便宜。

同治十二年（1873年），同治帝亲政。一年后，同治帝驾崩，膝下无子。慈禧选立醇亲王奕譞的儿子载湉继位，这就是光绪帝。载湉才4岁，两宫皇太后就重新挂起帘子，垂帘听政。换个皇帝，叔嫂冲突并未终止，直到光绪七年（1881年）。

这年三月十一日，慈安太后发病。清宫档案记载，从发病到去世只有几个小时。先前，慈安太后的身体一直很好。这么快就死掉了，很容易让人产生联想。一时间，传言四起，纷纷怀疑是慈安吃了慈禧送来的点心，中毒而死。

还记得前面我们讲到，咸丰临死前召见的最后一个人，就是慈安太后。夫妻两口子说了什么悄悄话呢？史书没有记载。不过传说咸丰给慈安一道密诏，说是如果慈禧跋扈，可凭此诏诛之。

在慈禧的忽悠下，慈安把这份密诏烧了，以示姐妹情深。这事让慈禧深感恐惧，可能下定决心要除掉慈安。原因很简单：慈安对自己知道得太多了。毒杀慈安，看来也在情理之中。

然而，根据《翁同龢日记》记载和当代学术界的研究，慈安太后可能突发脑出血去世，慈禧下毒的可能性不大。

由于我们无法掌握更确凿的直接证据，这事至今还是个谜。

不管怎么样，在慈禧和奕䜣的明争暗斗中，慈安是个和稀泥的角色，甚至有时还倾向奕䜣。她的突然去世，既能让慈禧独自垂帘听政，又使奕䜣失去了跟慈禧斗法的缓冲带和保护伞。奕䜣的处境更艰难了。

光绪十年（1884年），清军在中法战争中连遭失败，朝中舆情汹汹，主战之声不绝于耳。而奕䜣深知洋人船坚炮利，坚决反战主和。慈禧便以此为借口，宣布免去他一切职务。军机处彻底换血，奕䜣集团成员被扫地出门。1884年是农历甲申年，这场政坛地震就被称为“甲申易枢”。

至此，奕䜣基本退出了政治舞台。光绪十五年（1889年），慈禧宣布“归政”，结束了“垂帘听政”。然而，她依旧牢牢掌控清王朝的大权，直至光绪三十四年（1908年）去世为止。

五、“垂帘听政”留下了哪些启示

垂帘听政之谜，是晚清朝廷最惊心动魄的一场政治斗争，历史影响深远，留下了很多启迪。我列举三方面：

第一，与其制约，不如团结。咸丰帝设计的这个连环套体系，看起来很美，实际上漏洞百出。相互制衡的体系固然可以确保稳定，但在专制政治的氛围里，也容易走向相互拆台、影响工作的结局。肃顺、慈禧和奕䜣这三派势力，都是晚清政坛不可或缺的力量，与其让他们窝里斗，不如想办法促使他们捐弃前嫌，团结一致，同心辅佐载淳，这不是更好吗？

第二，摆正定位，准备充分。肃顺的才能毋庸置疑，但居功自傲，恃宠而骄，占小便宜，过分高调，搞得四面树敌。他没有摆正自己的位置，工作目标模糊，斗争手法拙劣，处处被动，屡失良机；面对风险，考虑不周，缺乏应变，最终葬送了自己。相比之下，奕䜣的自我定位清晰，目标明确，准备充分，先发制人，迅速搞定辛酉政变，没有引发京城政局动荡。

第三，既要务实，更要灵活。我觉得，慈禧毕生的追求就是权力。为了权力，可以抛弃是非，没有亲情，不分敌我。这样的心理当然不该提倡。然而，她讲求策略，拉拢慈安和奕䜣，加上自己手中的“同道堂印”，共同对付肃顺；为了瞒过肃顺，向奕䜣传递情报，她不惜动用苦肉计；在逆境中，她能屈能伸，不轻易跟多数大臣作对。这些做法称不上“高大上”，但既务实又灵活，成为慈禧笑到最后的重要原因。

两宫皇太后名片

（一）慈禧太后

姓名：叶赫那拉氏（1835–1908年）

职业：清咸丰朝懿贵妃（1852年入宫，1857年晋封贵妃）、慈禧皇太后（1861–1908年掌权）

出生地：主流说法是北京西四牌楼劈柴胡同（今西城区辟才胡同），也有甘肃兰州、浙江乍浦、内蒙古呼和浩特、安徽芜湖、山西长治等地的说法

祖父：叶赫那拉·景瑞

父亲：叶赫那拉·惠征

丈夫：咸丰皇帝奕詝

独子：爱新觉罗·载淳（同治皇帝）

外甥兼侄子：爱新觉罗·载湉（光绪皇帝）

妹妹：叶赫那拉·婉贞（醇亲王奕譞嫡福晋，光绪帝生母）

得意之作：辛酉政变

失意之作：八国联军攻陷北京

“玉兰”的典故：故事片《火烧圆明园》里，慈禧入宫时的小名叫“玉兰”。或许是因慈禧进宫后的第一个封号是“兰贵人”而得此名。而咸丰帝给她这个封号，大概因他喜欢玉兰花，以表示爱慕之情。因此，先有“兰贵人”的封号，后有“玉兰”的小名。慈禧最初的小名

叫“杏儿姑”。“姑”是当时满族人对未成年女子的通常称呼，而“杏儿”的名字则是因她家庭院里种了几棵白杏树，故而起大名“杏贞”，小名“杏儿”，取女性“忠贞”之意。

（二）慈安太后

姓名：钮祜禄氏（1837-1881）

职业：清咸丰朝皇后（1852年入宫，同年晋封皇后）、慈安皇太后（1861-1881年掌权）

出生地：广西

父亲：钮祜禄·穆扬阿（满洲镶黄旗人）

丈夫：咸丰皇帝奕詝

得意之作：诛杀安德海，立阿鲁特氏为同治皇后

失意之作：死因成谜，至今未解

参考文献

吴语亭编注:《越缦堂国事日记》,台北:文海出版公司,1978年。

[清]薛福成:《庸盦笔记》,南京:江苏古籍出版社,2000年。

[清]翁同龢著,陈义杰整理:《翁同龢日记》,北京:中华书局,2006年。

第八集 光绪死亡之谜

光绪三十四年十月二十一日酉时（1908年11月14日傍晚5-7点），38岁的光绪皇帝在中南海瀛台死去。次日未时（下午1-3点），74岁的慈禧太后在中南海仪鸾殿死去。两人一前一后，死亡时间只相差二十个小时。一个年富力强，一个风烛残年，两人此前斗了几十年，发生这样离奇的事，不能不让人怀疑。

正值壮年的光绪帝，为什么会突然死去呢？为什么又恰巧死在慈禧咽气之前呢？光绪到底是不是正常死亡呢？光绪的死跟慈禧和袁世凯有没有关系呢？光绪之死作为清宫谜案，有没有破解的可能呢？光绪之死会给清朝历史的命运带来什么影响呢？揭开光绪之死的种种谜团，对我们今天的生活能带来哪些帮助呢？

让我们从历史文献和科学实验双管齐下，共同探究光绪之死，发现病因，揪出凶手。

一、光绪是正常死亡吗

奕譞

光绪皇帝载湉（1871–1908年），是醇亲王奕譞的第二子。4岁那年，19岁的同治皇帝死了，膝下没有留下一儿半女。载湉就被慈禧太后选中，抱进了皇宫，稀里糊涂地成了皇帝。

光绪的身体底子并不好，长期患有三种疾病。

一是遗精。37岁那年，光绪曾有一段自述：

遗精之病将二十年。前数年，每月必发十数次。近数年，每月不过二三次，且有无梦不举，即自遗泄之时，冬天较甚。近数年遗泄较少者，并非渐愈，乃系肾经亏损太甚，无力发泄而已。[1]

遗精是指非性生活而遗泄精液的一种生理现象，每月一至五次都算正常。然而，光绪遗精次数频繁，状况多样，已经到了非常病态的程度。这是典型的肾亏。由此还导致四肢疲倦、精神欠佳、消化道和呼吸道多有不适。

二是神经疾病。《慈禧光绪医方选议》一书收录了清宫太医院给光绪开的一百八十二个药方，其中神经衰弱方六十四个。这说明，神经疾病长期困扰光绪。根据现代学者研究，光绪患有神经官能症，属于慢性消耗性疾病。

三是感冒加重肺结核。光绪原本患有肺结核病。然而，光绪三十四年（1908年）年初，光绪偶感风寒，导致肺结核病陡然加重，竟然一病不起。

三种病症叠加，让这个壮年小伙变成了病秧子。这年十月十六日，光绪和慈禧共同召见大臣。根据一些大臣的回忆，当时光绪有气无力地斜靠在宝座上，身后垫满了枕头，说话简短，声音很小。三天后，连饭都吃不进去，几乎陷入昏迷。

按道理讲，光绪一生只在醇亲王府和皇宫里待过，物质生活和医疗条件都是全国一流。光绪本人还算洁身自好，只有一后两妃，并不过分放纵。因此，就算体质不好，也不至于年纪轻轻就病成这个样子啊！

其实，维持人体健康的条件，除了物质和医疗因素外，还有精神状态和周边环境等因素。许多病症的加剧，都跟病人的情绪有关。光绪就是个典型案例。

[1] 载湉口述：《病原》，参见清宫光绪档案。

隆裕皇后朝服像

我认为，光绪是中国历史上最“幸福”和最“杯具”的皇帝。

说他“幸福”，那是因为扶他上台的慈禧太后，跟他亲上加亲。光绪的生母是慈禧太后的妹妹，醇亲王奕譞的嫡福晋；光绪的隆裕皇后，是慈禧太后的弟弟桂祥的女儿。光绪又是以咸丰皇帝继承人和同治皇帝名义上的弟弟身份继承皇位的。这样说来，慈禧太后就身兼光绪的姨妈、姑姑和养母三重身份。有这样的亲戚罩着，光绪本该非常“幸福”。

说他“杯具”，那是因为他从4岁登基

瀛台，后来，光绪、黎元洪等人都曾被幽禁于此

珍妃

珍妃井

到38岁去世，始终生活在慈禧的阴影中，痛苦不堪。慈禧对光绪干了三件糟糕的事：一是发动戊戌政变，把光绪改革图强的梦想掐灭了；二是将珍妃扔进了枯井，把光绪最宠爱的女人弄死了；三是将光绪本人软禁在中南海瀛台长达十年，把光绪最珍爱的自由剥夺了。慈禧对光绪的控制和摧残，称得上是全方位的。

再说光绪本人，在位三十四年，经历了中法战争、甲午中日战争和八国联军侵华战争，打场胜仗也几乎成了奢望。经他签字画押的不平等条约堪称清代最多。对于一个皇帝来说，这不就意味着事业完败吗？您说他的心情能舒畅吗？

事业失败、家庭毁灭、自由全无，光绪的生活环境可谓糟糕透顶。在这样的环境里苟活三十多年，精神上高度紧张和压抑，加上各种不愉快的折磨和打击，即便是正常人，身心健康也会遭受摧残，更何况是身体底子本就很差的光绪！

因此，我认为，“杯具人生”的种种磨难是光绪身染重病的重要原因。

清宫档案留下的“脉案”，记录了光绪最后时刻的临床症状，从肝肾阴虚、脾阳不足、气血亏损发展到肺炎、心肺衰竭，最后是肢体发冷、白眼上翻、牙关紧闭、神志昏迷，脉搏似有似无。病症是逐渐加重的，既没有中毒迹象，也不是突然死亡，跟正常的病死没什么区别。

然而，我们注意到，光绪患病后的全部诊疗过程，都在慈禧太后的掌控之中。慈禧委托庆亲王奕劻全权负责给皇上看病的事。所有的诊疗大夫要经他挑选，所有处方要经他审核。而奕劻就是慈禧的亲信。您说，太医们还敢给皇上努力治病吗？这些清宫“脉案”还可信吗？会不会被篡改呢？

一个江苏的老中医奉命进京，给光绪看病。当时的场景颇为奇怪。老中医跪在台阶下，不敢抬头；慈禧和光绪对着上座，由慈禧口述光绪病情。中医讲求望闻问切，连病人的脸都不能看，只听得别人转述病情，这样看病的过程竟然也能写进“脉案”。大家想想，这“脉案”还能信吗？

内务府官员增崇曾带多名医士给皇上看病，他的儿子回忆道：

从当时的情况看，无论太医或外省保荐的医士，给光绪请脉，都得依慈禧的脸色行事。凡干不长的，多半是违背了慈禧心意；干长了则是切合慈禧的‘需要’了。至于世人所能见到的光绪脉案、处方究竟如何，不待言说。[1]

---

[1]　耆存著：《关于光绪之死》，全国政协文史资料委员会编：《文史资料选辑》，总第122辑，北京：中国文史出版社，1991年。

我们还注意到，光绪对这些都很清楚，时刻提防有人毒害他。太监端来的汤药，他基本不喝。因此，即便太医们能找对病症，对症下药，光绪也很难康复。

如此说来，难道光绪真不是正常死亡，而是被人害死的吗？

二、光绪的死跟慈禧有关吗

《诊疗光绪帝秘记》一书记述了名医屈桂庭说的一段话：光绪死前三天，“在床上乱滚”，“向我大叫肚子痛的不得了”，“面黑，舌焦黄”。屈桂庭看过光绪的病症后断定：“此系与前病绝少关系。”意思是说，这个临床表现跟光绪的陈年旧病无关。

就在光绪病症加剧之前两天，有人看到光绪在中南海湖畔散步，情绪还不错。给光绪诊脉的大夫后来也表示：“皇上本无病，即（便）有病，亦肝郁耳！意稍顺当自愈，药何力焉！”[1] 光绪所患就是肝病，安心静养就会见好，没必要吃药。

光绪死后二十个小时，慈禧也死了。死因是十几天前的寿宴上吃坏了肚子，引发严重的痢疾。两个冤家，一前一后命丧黄泉，这让很多人产生了联想。

按说，光绪比慈禧年轻得多，可就在光绪三十年（1904年），也就是光绪死前四年，偏就有人就认为光绪会死在慈禧前面。这个人就是朝

[1] 胡思敬：《国闻备乘》，卷三，北京：中华书局，2007年标点本。

廷的外务部右侍郎伍廷芳。他对日本公使内田康哉预言：

太后驾崩时，当会虑及自身安全而谋害皇上。[1]

作为朝廷高官，伍廷芳敢对外人这么说，一定不会信口雌黄。其实，光绪必死于慈禧之前，似乎是当时许多官员的共识。

翰林院侍讲学士、起居注官恽毓鼎长期陪伴在光绪身边，记录他的日常言行。宣统三年（1911年）四月，他写了本名叫《崇陵传信录》的书。其中记述了光绪前去请安的情况。书中说，慈禧身患痢疾，卧病在床。有人给慈禧打小报告，说光绪很高兴。慈禧勃然大怒，撂下一句话："我不能先尔死！"清朝灭亡以后，恽毓鼎在自己的《澄斋日记》里明确表示，"害先帝"的罪魁祸首，就是慈禧。[2]

关于光绪的非正常死亡，也有人认为凶手不是慈禧，而是李莲英或袁世凯。

英国人濮兰德写的《清室外记》《慈禧外传》，以及慈禧最宠爱的德龄公主写的《瀛台泣血记》，都认为李莲英担心慈禧来日无多，光绪将再操权柄。届时自己靠山皆无，有可能会被秋后算账，不如先下手为强，害死光绪。《瀛台泣血记》这样记载：

近来奴婢听许多人说，万岁爷的身子很不好……奴婢愿意瞧瞧他看，或者可以使他的身体好起来。

就在李莲英说过这一番话的第二天，光绪便好端端地也害起很厉害

[1]　孔祥吉、村田雄二郎：《罕为人知的中日结盟及其他》，成都：巴蜀书社，2004年。
[2]　恽毓鼎：《恽毓鼎澄斋日记》卷二，杭州：浙江古籍出版社，2004年，第632页。

溥仪与其生父载沣图

的病来……只有光绪自己心里是明白的，他料定必是给李莲英在饮食里下了毒，存心要谋杀他。

末代皇帝溥仪在《我的前半生》里认为，是袁世凯害死了光绪。袁世凯在戊戌政变前出卖了光绪和维新派，投靠了慈禧太后。他担心慈禧死去，光绪掌权，自己将死无葬身之地。于是便借进药之机，暗中下毒。溥仪回忆说：

病重消息传出不过两个时辰，就听说已经晏驾了。

如果光绪确是被人所害，这三个人里，哪个才是真凶呢？

光绪三十四年（1908年）十月二十日，也就是光绪驾崩的前一天，朝廷以光绪皇帝的名义发布了两道上谕。一是将醇亲王载沣之子溥仪接到宫里教养读书，二是授载沣为摄政王。

这分明就是传位诏书。溥仪即将成为新皇帝。长期以来，慈禧独揽大权，光绪形同傀儡，我们有理由相信，这两道上谕都是慈禧授意发布的。它们清晰地体现了两层意思：

第一，慈禧知道自己病入膏肓，即将死去。她必须交代后事，越快越好。

第二，慈禧决定让光绪先死。否则，光绪没准会宣布这两道上谕无效。

崇陵

李莲英虽然是慈禧的宠臣，但对光绪还不错。光绪几次落魄，还是李莲英好生照料，让他感激不已。因此，光绪没必要收拾他，李莲英也没必要对此担心。

袁世凯知道，光绪恨透了自己。可是作为外臣，他根本没机会进入中南海，更不可能随随便便向皇上进药。作为一介武夫，这不是他的职责。

李莲英和袁世凯都是慈禧的宠臣，没有慈禧发话，两人不敢害死光绪。因此，即便他俩是直接凶手，背后真凶也很有可能是慈禧。

一般来说，皇帝生前就会组织力量给自己修陵寝。然而，光绪的崇陵是在它死后才确定选址，开工建设的。这说明，光绪虽然身染重病，但根本没想到自己会死在慈禧之前。

晚清内务府大臣增崇的儿子曾回忆道，他父亲接到光绪死讯，跟同僚们大呼奇怪，说前天太医诊脉，没听说有什么事。一个同僚表示："这里头有什么事儿罢？"父亲叹了口气说："这话咱们可说不清。"[1]其中的潜台词，我觉得约等于今天的网络用语"你懂的"。

这件说不清的事，作为清宫悬案尘封了百年。如今，技术侦查手段日新月异，光绪死因有没有可能借助科技的力量真相大白呢？

三、现代科学实验让真相大白一半

要解开光绪死因之谜，其实只需要揭开两个谜底。第一，光绪是否中毒而死？第二，如果是毒死，那么凶手是谁？

揭开第一个谜团的最佳方式，就是开棺验尸。然而，这件事并不好办。

光绪死后，穿戴入殓都由太监包办，内务府根本没得插手。尸体究竟是什么样的，除了这些当事太监，谁都不知道。当然，这些太监也没有留下任何记载。

1938年，崇陵被盗，墓葬破坏严重。1980年，清西陵文物管理处清理了墓葬，封闭了崇陵，将光绪皇帝和隆裕太后的一部分头发、遗骨和衣物保存在库房里。由于当时检测技术落后，考古工作者并没有发现外

---

[1] 耆存著：《关于光绪之死》，全国政协文史资料委员会编：《文史资料选辑》，总第122辑，北京：中国文史出版社，1991年。

伤或中毒痕迹。

难道光绪真的只是正常病死的吗？

带着这样的疑问，中央电视台清史纪录片摄制组、清西陵文物管理处、中国原子能研究院反应堆工程研究设计所和北京市公安局法医检验鉴定中心四个单位共同合作，组成“清光绪帝死因”专题研究课题组，运用先进仪器和专业技术，历时五年，对当年保留下来的光绪头发、遗骨、衣物和墓内外环境进行了反复检验和分析研究。2008年11月2日，课题组在北京京西宾馆举行报告会，向社会公开了他们的研究成果。当时我还在读博士，并参与清史纂修工程，有幸现场聆听。课题组的研究结论包括四个方面：

第一，光绪头发中的砷含量非常高，不仅高出当代正常人一万多倍，而且高出隆裕太后260倍。这么高的砷含量是从哪儿来的呢？

第二，墓葬周边的土壤、河水、井水，以及墓葬内的棺椁木屑、香料残渣里，砷含量都很低，不可能是光绪头发中砷的来源。

第三，光绪内衣里的砷含量远高于外衣，胃肠部位衣服的砷含量远高于其他部位的衣服。衣领上和遗骨中的砷含量也很高。这说明，大量的砷化合物曾存留于光绪的体内，并随着遗体腐烂由内而外逐渐侵蚀到衣物上。那么，这些砷化合物究竟是什么东西呢？

第四，光绪体内的砷化合物是三氧化二砷，俗称砒霜。经检测，仅光绪头发和部分衣物中的砒霜含量就高达201毫克。而一般来说，人体服用60–200毫克砒霜，就会中毒而死。

由此，课题组得出结论：光绪是服用大量砒霜而死的。[1]

[1] 钟里满等：《国家清史纂修工程重大学术问题研究专项课题成果:清光绪帝死因研究工作报告》，《清史研究》，2008年第4期。

可以说，科学家们跳出史料考证的窠臼，动用超常规的技术手段，使光绪死因的真相大白了一半。那么，另外一半该怎么办呢？

四、让我们来还原案发现场

毒杀光绪的凶手究竟是谁？这恐怕是历史学家需要好好考证的命题。嫌疑最大的当然是慈禧，但迄今为止，我们还没有找到一条足够靠谱的证据。

然而，启功先生生前的一段回忆，或许可以帮我们还原案发现场的场景。

启功先生在自己的口述历史中回忆，慈禧太后患病期间，他的曾祖父溥良身为礼部尚书，到太后寝宫伺候。

> 就在宣布西太后临死前，我曾祖父看见一个太监端着一个盖碗从乐寿堂出来。出于职责，就问这个太监端的是什么？太监答道，是老佛爷赏给万岁爷的塌喇。塌喇在满语中是酸奶的意思。当时光绪被软禁在中南海的瀛台，之前也从没有听说过他有什么急症大病，隆裕皇后也始终在慈禧这边忙活。但送后不久就由隆裕皇后的太监小德张向太医院正堂宣布光绪皇帝驾崩了。[1]

大家有没有注意一个叫“塌喇”的词？如果启功的回忆没错，那么

[1] 启功：《启功口述历史》，第一章，北京：北京师范大学出版社，2004年。

光绪生前喝下的最后一杯饮料，就是“塌喇”，即酸奶，其中被人灌进了砒霜。

前面讲到，砷含量严重超标的衣服部位，除了胃肠部位，还有衣领。那么，衣领子怎么会有许多砒霜呢？在我看来只有一种可能：砒霜洒在了衣领上。

有这两个细节，再结合前面的史料，或许可以初步勾勒出光绪遇害的场景：

太监端着酸奶来到瀛台涵元殿，说是太后所赐，请光绪饮用。光绪很有戒心，或许知道这酸奶里有毒，当然不喝。

如果就这样收场，太监回去面见慈禧，肯定没法交代。于是，他就跟几个太监上前硬灌。光绪肯定是百般挣扎，一些酸奶洒在或被他吐在了衣领上。当然，手无缚鸡之力的光绪，挣扎肯定是失败了。可以想象，一个皇帝被奴才们生生灌下毒药害死，这样的场景何等凄惨。

硬灌酸奶的太监，就是杀害光绪的直接凶手。他究竟是谁呢？我们可以对宫里的太监逐一排查。

清末太监堆儿里的一号红人是李莲英。不过，他对慈禧忠诚，对光绪有恩，恐怕不会下此毒手。再看看二号红人吧。那就是崔玉贵（1860–1925年）。这个人大家比较陌生，我多说几句。

崔玉贵12岁净身，先在庆亲王府当太监，后来由于武功很好，被推荐到宫里的升平署戏班演戏。由于戏演得不错，被慈禧看中，留在身边伺候，从此飞黄腾达。光绪年间升任二总管，授予三品衔、亮蓝顶戴。在宫廷太监里的地位仅次于李莲英。

光绪二十六年（1900年），八国联军攻打北京。慈禧太后携光绪皇帝逃亡。临行前，正是崔玉贵奉慈禧太后之命，把珍妃扔进了枯井。这口井的井眼很小，需要费力强塞才能把人扔进去。

李莲英（右一）和崔玉贵（左一）服侍慈禧出行

两年后，慈禧和光绪回到北京。为了安抚光绪，慈禧下令打捞珍妃遗体并装殓厚葬，让这位二总管顶罪。然而，崔玉贵非但没有丧命，反倒继续在慈禧身边伺候。如果慈禧先死，他一定会被光绪收拾死。所以，崔玉贵对慈禧死忠，怕极了光绪。由他来毒杀光绪，在慈禧眼中或许非常合适。崔玉贵自己也一百个乐意。

需要解释的是，这个判断只是推测，而非定论，还需要更多的史料依据来佐证。不过，就当时的宫里形势看，崔玉贵作为直接凶手的可能性非常大。

光绪和慈禧死后，崔玉贵结束了太监生活，搬到关帝庙里住，以种稻为生。1925年病死。

五、光绪死因背后的真正推手

不管直接凶手是李莲英、袁世凯，还是崔玉贵，幕后真凶的最大嫌疑人，就是慈禧。然而，慈禧跟光绪亲上加亲。这样的亲戚关系，为何会结成不共戴天之仇呢？慈禧为什么非要让光绪死在自己前面呢？

我认为，这就是君主专制时代的权力之争和权力意识在作祟。

19世纪末，中国面临被列强瓜分的险恶形势。光绪不愿当亡国之君，希望励精图治，实现国家中兴，让自己当个好皇帝。而要做到这点，就必须手握实权，自主决策。然而，大权操于慈禧之手，各个重要部门的关键岗位都是慈禧的亲信。慈禧的权力欲很强，根本不会撒手。帝后之间的权力斗争在所难免。

甲午中日战争前，正值慈禧六十大寿。她的四十大寿赶上日本侵略台湾，五十大寿赶上中法战争，过得都不愉快。这次她无论如何要大操大办，粉饰太平。因此，她授意李鸿章对日主和，能不打就不打。

光绪认为，洋务运动搞了三十年，清王朝对军事投入巨大，综合国力远强于日本，拿下这个蕞尔小国不在话下。他希望以一场对外战争的胜利，赢得更多的决策自主权。因此，光绪要求李鸿章备战，赶紧打。

战争的结局大家都知道，中国一败涂地，输得很惨。失利的原因很多，李鸿章在给幕僚吴永的一封信里，说过这么一句话，很有代表性：

我办了一辈子的事，练兵也，海军也，都是纸糊的老虎，何尝能实

康有为

梁启超

在放手办理？不过勉强涂饰，虚有其表！[1]

经过战争洗礼，光绪终于意识到自己治理的这个国家，确实就是“纸老虎”，不堪一击。他发现，日本通过明治维新实现了国家振兴，改变了民族命运，还打败了自己。他决心效仿近邻的成功案例，实行变法维新。就这样，康有为、梁启超等维新派人士从民间进入宫廷，掀起了著名的“百日维新”。

光绪颁布的变法诏书中，没有体现召开国会、制定宪法等维新派主张，反倒是增加了裁撤机构、裁汰冗员的内容。显然，光绪看中的不是“君主立宪”式的西方民主，而是通过调整人事布局，将慈禧的亲信赶

[1] 吴永口述，刘治襄笔记：《庚子西狩丛谈》，长沙：岳麓书社，1985年，第107页。

出权力中枢，将维新人士纳入决策体系，培植属于自己的亲信。

慈禧当然不能容忍这样的做法，她很快就做出三项决定：第一，罢免光绪的老师、军机大臣翁同龢，斩断光绪的左膀右臂。第二，新提拔二品以上官员，必须向慈禧太后当面谢恩。第三，任命亲信荣禄为直隶总督兼北洋大臣，统领京城精锐陆军。这样，慈禧掌控了人事权和军权。接着，京城附近军队开始频繁调动，种种迹象表明，光绪夺权不成，反而可能被兵变推翻，丢掉皇位。

康有为和梁启超本是一介草民，不晓得宫里帝后之间的过节。他们以为搞定了皇上就能搞定变法，于是坚定地跟皇上捆在同一辆战车上，被卷进了帝后之争。现如今，覆巢之下，安有完卵？皇上不测，维新派也会一块儿玩完。只能一条道走到黑。

危急关头，康有为等人出了两个狠主意：一是拉拢新建陆军统领袁世凯，先杀掉荣禄，包围颐和园，对慈禧动刀；二是拉拢来华访问的日本前首相伊藤博文，请日本协助中国维新变法。两个主意同时操作，一旦成功，不仅会要了慈禧的老命，而且会丢失更多的国家主权。

袁世凯

慈禧当然容不得这么做，只能抢在光绪得手之前先下手。于是，她发动戊戌政变，抢先回宫，软禁光绪，捕杀维新派人士，废除了大部分变法内容。

戊戌变法失败仅三年后，慈禧宣布实施新政，实施预备立宪、训练新军、废除科举等，远远超出了戊戌变法的内容范畴。这说明，变法只是政策调整，慈禧并不反对变法，她反对的是借变法之名夺权。

光绪和慈禧的仇恨，从此公开化。珍妃之死只是帝后斗争的副产品，是慈禧太后发泄不满的方式。

慈禧曾想废掉光绪，另立新君，但光绪是全国乃至国际社会公认的合法皇帝，有亲西方的形象。废掉他就是得罪天下人。慈禧没这个胆量。

慈禧曾以光绪的名义，下诏向全国求医问药，大造光绪体弱多病的舆论，希望他先死。然而，慈禧偏偏先病倒了。光绪虽然身子骨差，但还不至于马上死掉。慈禧清楚，自己一死，光绪就会复出掌权，反攻倒算，给慈禧集团造成毁灭性打击。因此，她必须看着光绪先死。于是，一场赤裸裸的毒杀阴谋就展开了。

可以说，帝后之间的权力之争是光绪死因背后的真正推手。

光绪死因之谜，给我们留下了无尽的思考空间。有些人把光绪之死的传言越传越神，成了野史小说的资料来源；也有人从光绪死因中悟出了许多道理。我想跟大家共享三点：

第一，跟事业、权力相比，亲情永远都弥足宝贵。武则天曾说过："父子不信，则家道不睦。"[1] 意思是说，父子二人互不信任，家庭就不会和睦。这话用在慈禧和光绪的关系上也很合适。慈禧和光绪本是亲上加亲的关系，慈禧还经常要光绪管她叫"亲爸爸"，然而二人在权力面前都失去了理智。双方互不相让，反目成仇，尤其是慈禧贪恋权力，过于霸道，从而酿成悲剧。光绪和慈禧死后三年，辛亥革命爆发，清王

[1] 武则天：《臣轨·诚信》，见《续修四库全书》，第753册，《史部职官类官箴》，上海：上海古籍出版社，2001年印行。

朝被推翻。可以说，这场帝后之争，没有赢家。倘若两人都能珍惜亲情，彼此配合，或许麻烦不会这么大，中国历史会改写。在清朝历史上，康熙皇帝和祖母孝庄太后之间，关系不就处理得很好吗？因此，请大家珍惜这份亲情，少一分争执与计较，多一分体贴与呵护，在专注于事业的同时，多关心自己的家人，让家庭更温暖，亲情更久远。

第二，跟物质利益相比，精神状态也很重要。光绪之死，虽然主要是砒霜所致，但是也跟自己长期以来精神状态不佳导致的各种疾病不无关系。这不是光绪的错，而是他个人的不幸。因此，保持健康的心理和良好的情绪，让自己开心一点、阳光一点，才能更加舒心地做好工作，获得更多的物质财富，享受生活的每一天，让自己和家人朋友更健康、更长寿。

第三，跟固守一隅相比，换条路或许效果更好。研究光绪死因，本是历史学家的分内事。然而，根据现有的文献资料和文科思维，很难做出准确定论。换一种思路，引入化学分析方法和现代技侦手段，给历史考证提供了更多的施展空间。人生也是这样，当你发现路越走越窄，越走越艰难时，如果还有调整的余地，不妨换个走法，或者换条路径，或许会柳暗花明，让自己多一个成功的机会。正如《周易》所说，“穷则变，变则通，通则久”。适度的改变，惊喜或许就在眼前。

光绪名片

姓名：爱新觉罗 · 载湉（1871–1908年）

职业：清朝第十一位皇帝，倒数第二位皇帝

父亲：醇亲王奕譞（道光第七子）

生母：叶赫那拉 · 婉贞（慈禧太后的妹妹）

排行：第二子

出生地：北京太平湖畔醇亲王府

重要业师：翁同龢

最爱的人：珍妃

最怕的人：慈禧太后

家庭成员：1位皇后（即隆裕皇后），2位皇贵妃（珍妃、瑾妃），膝下无子女

光绪所惧怕的“老佛爷”一词的由来：

说法一：据说光绪继位后，李莲英为帮助慈禧名正言顺地再度垂帘听政，导演了一幕闹剧。他导引慈禧太后和大臣们到万寿寺观看“双佛显光”的灵异现象。大家到后，大雄宝殿供奉的依旧是三世佛，但在后殿出现一尊慈眉善目的观世音菩萨。此时李莲英当众喊道：“老佛爷到！”其他人立即跪伏高呼：“恭迎老佛爷！”慈禧故作糊涂，李莲英连忙解释：“大家是来迎接太后您老佛爷啊！您就是当今救苦救难的观世音菩萨啊！”自此，慈禧太后就跟“老佛爷”画上了等号，慈禧也借助观世音的影响力再度垂帘听政，“救黎民于水火”。当然，这尊观音

像是李莲英事先塑造的，场景也是事先设计的。慈禧经常扮作观音，双手合十，拍照留念。

说法二："老佛爷"不是慈禧特有的称呼，而是清朝历代皇帝的一种称呼。因为满族最早称为"满柱"，是佛号"曼殊"的转音，意为"佛爷""吉祥"，经常被一些煊赫家族、部落首领拿来起名字用。清朝立国后，将"满柱"译为汉字"佛爷"，作为皇帝的特称。

说法三："老佛爷"不是尊称。"老佛爷"之于慈禧，类似于"老头子"之于蒋介石。一般是太监们背地里对慈禧的代称。无论是太监，还是大臣，见慈禧后都必须称呼"皇太后"，决不能叫"老佛爷"。在皇帝、太后面前，他们一定不会讲"皇上吉祥""太后吉祥"之类的话，而是必须严格按照宫廷语言的规矩请安和称赞。只有太监之间见面相互问候，以及低级别的内务府官员见到重要太监主动问候时，才会说"某公公吉祥""某老爷吉祥"之类的话。

参考文献

中国第一历史档案馆编：《光绪宣统两朝上谕档》，桂林：广西师范大学出版社，1996年。

史晓风整理：《恽毓鼎澄斋日记》（全二册），浙江古籍出版社，2005年。

陈可冀主编：《慈禧光绪医方选议》，北京：北京大学医学出版社，2011年。

戴逸：《光绪之死》，《清史研究》，2008年第4期。

马忠文：《时人日记中的光绪、慈禧之死》，《广东社会科学》，2006年第5期。

钟里满等：《国家清史纂修工程重大学术问题研究专项课题成果:清光绪帝死因研究工作报告》，《清史研究》，2008年第4期。

第九集

晚清太监之谜

说起晚清的太监，大家最先想到的，一定是李莲英。这位被慈禧太后唤作“小李子”的宦官，给人的印象似乎是权倾朝野，欺上瞒下。总之，挺坏的。那么，历史的真相究竟是什么？李莲英究竟是个什么样的人？他跟慈禧太后、光绪皇帝究竟有着怎样的关系？

如果说，历史上的李莲英并没有想象得那么坏，那么究竟是什么原因使人们对太监的印象并不太好呢？晚清历史上，究竟有没有为非作歹的太监呢？他们的下场如何呢？对于太监这样一个特殊群体，我们应当如何来看待和评价呢？

今天，就请大家跟随我一起揭开“晚清太监之谜”。

一、李莲英为什么能得宠

李莲英（1848–1911年）原名李进喜，出生在直隶省（今河北省）河间府大城县李家村。明清两朝的许多太监都来自河间。这是为什么呢？我觉得有四个原因。

第一，贫困。当时的河间经济落后，老百姓很穷。许多人养不起孩子，只好将他们净身送到宫里当太监，以求混口饭吃。

第二，文盲。当时的河间文盲比较多，封建礼教关于“身体发肤，受之父母”以及“不孝有三，无后为大”的古训，对当地人影响不大。很多人认为，填饱肚子比个人名节和传宗接代更重要。而皇帝认为，文盲不容易专权，更便于控制。

李莲英画像

第三，忠厚。河间民风淳朴，忠厚老实，对于皇帝来说，这意味着容易管理。

第四，就近。由于河间靠近北京，内务府可以就近选拔太监。进宫之后，有些太监混出名堂了，招募新人时会主动考虑老乡。这样，宫里河间的太监就相对多一些。李莲英进宫，就具备以上四方面因素。

李莲英出身河间的一个穷人家庭，5岁就净了身，到郑亲王端华府里当太监。三年后，他被调到紫禁城里当差。[1] 这次调动，彻底改变了他的命运。为什么呢？

郑亲王端华是肃顺集团主要成员。咸丰临终前，将他和其他七人指定为“赞襄政务王大臣”，辅佐年幼的同治皇帝。就在李莲英调离郑亲王府后的第五年，也就是咸丰十一年（1861年），慈禧太后和恭亲王奕䜣联手发动辛酉政变，摧毁肃顺集团，端华被赐自尽。前主子落得如此下场，让李莲英心有余悸。

李莲英进宫之后，提拔得非常快。同治十三年（1874年）升任储秀宫掌案首领大太监。一般来说，进宫服役超过30年才有资格担当此职，而李莲英年仅26岁，入宫才17年。五年后，他升任储秀宫四品花翎总管，达到了太监的最高级别。又过了十五年，他被赏戴二品顶戴花翎，成为清朝唯一享此殊荣的太监。提拔之快，荣宠之至，跟慈禧太后分不开。然而，慈禧为什么格外宠信李莲英呢？

爱美之心，人皆有之。慈禧也不例外。有人说，慈禧是个“梳头癖”，喜欢梳头。李莲英最会创新发型，每次给慈禧梳头，都能搞出新花样，让慈禧很满意。李公公因梳头而得宠，几乎成了当时宫内外家喻户晓的说法。就连大臣们弹劾李莲英时，也会在奏折里称他“小篦李”

---

[1] 咸丰六年（1856年），李莲英由郑亲王端华府送进皇宫当太监。

（就是“小梳子李”的意思）。

可是，根据《宫女谈往录》等许多文献记载，慈禧身边的专业梳头太监姓刘，李莲英非但不是专司梳头，而且直到入宫后的第九年，才调到慈禧身边当差。因此我认为，李莲英就算偶尔给慈禧梳过头，也不是因为这个本事得宠的。那么，李莲英得宠的秘诀究竟是什么呢？

李莲英的墓志铭上，曾用十六个字总结了自己的一生，叫做“事上以敬，事下以宽，如是有年，未尝稍懈”。什么意思呢？就是对待上级要恭敬有加，对待下属要宽宏大量，就这样做了好多年，从来没敢稍有松懈。虽说李莲英只是太后身边的奴才，他所说的这十六个字充满了“奴性”，但如果抛开这层因素，将其还原到接人待物的观念上，长期坚持不懈地做下来，确实不容易。

关于“事上以敬”，我讲两个故事：

（一）慈禧赐字

慈禧爱看京剧，看高兴了，会给艺人看赏。一次，她看完著名武生杨小楼的戏后，决定赏他满桌子的糕点。杨小楼赶紧叩头谢恩，表示不敢领受这些贵重之物，但请太后老佛爷恩赐个字。

慈禧一听，非常高兴，便让太监捧来笔墨纸砚，挥笔写下一个“福”字。杨小楼接过来一看，脑袋立刻就蒙圈了。“福”字的左偏旁是“示”字边，慈禧给写成了“衣”字边，多了一点。如果拿回去，必遭人议论，笑话当朝太后写错别字。如果不拿回去，就相当于拒绝太后恩赐，搞不好是要掉脑袋的。接也不是，不接也不是，杨小楼急得直冒汗。

慈禧好像也发现自己写错字了。虽然不好意思，但碍于面子又不好明说，更不愿再拿回来。场面很尴尬。

李莲英不算文盲，认识一些字。慈禧写错字，他当然也看到了。只见他不慌不忙，笑呵呵地搭腔道：“老佛爷之福，比世上任何人都要多出一‘点’呀！”

杨小楼何等聪明，马上听出这是李莲英在给自己解围，连忙叩头谢恩：“老佛爷福多，这万人之上之福，奴才怎么敢领呢！”慈禧一听，正好顺水推舟地笑着说：“好吧，那就隔天再赐给你。”李莲英就这样给两人解了围。这样善解人意的奴才，太后能不喜欢吗？

（二）善待光绪

光绪二十四年（1898年），慈禧发动戊戌政变，囚禁了光绪皇帝，镇压了维新运动。此后，慈禧独揽大权，没人再把光绪当回事。

两年后，八国联军攻打北京。慈禧太后带着光绪皇帝连夜仓皇逃走。光绪离开皇宫时就穿个大褂，冻得瑟瑟发抖，没人过问。只有李莲英见状，脱下自己的衣服，对光绪说：“不嫌奴才脏，请穿上。”光绪问：“那你呢？”李莲英说：“奴才冻死一万个有什么可惜的！”[1] 光绪这才把衣服接过来穿上。

两年后，慈禧和光绪返回北京，路过保定，小住几日。李莲英伺候慈禧睡下后，来到光绪的住处。他发现，里面没有太监伺候，只有皇上对着油灯干坐着。他连忙走进去请安，才知这间屋子连铺盖都没有，隆冬时节冻得睡不成觉。李莲英连忙跪倒在地，痛哭流涕地说：“奴才们真是罪该万死！”他连忙回屋，把自己的被褥抱过来给光绪用。

---

[1] 信修明：《老太监的回忆》，北京：北京燕山出版社，1992年，第33–34页。

后来，光绪每每想起这些事，都会念叨：“若没有李谙达，我恐怕活不到今日。”[1]

谙达，在满文里是“伙伴”“朋友”的意思。光绪的最后十年，始终生活在慈禧的刁难和欺凌之中，李莲英不仅没有落井下石，反而尽可能给予关照，也许有人说他两面讨好，但能做到这一步，起码比趋炎附势的太监要强得多。难怪光绪帝会把李莲英当作“谙达”，这不是偶然的。

其实，李莲英最大的本事是善于逢迎，揣度慈禧的心思。他虽然读书不多，但爱讲笑话。即便是宫外讽刺官府的政治笑话，经李莲英这张嘴一讲，也会变得委婉有趣。能经常给主子带来笑声，当然深得主子欢心。

关于“事下以宽”，我讲两个方面：

一是业务熟练。李莲英除了会揣摩上意，对本职工作还是很上心的。宫里物品摆在哪儿，怎么摆，宫里仪式先怎样，再怎样，他都烂熟于心。宫里办什么大事，他都会安排得很妥当。有王公大臣和太监来请教，他都来者不拒，指点一二。

二是爱护下属。嫔妃宫女整天在宫里待着，免不了办事出错，惹慈禧不高兴。慈禧曾经放过话：“今日令吾一时不欢者，吾亦将令彼终身不欢。”[2]意思是说，谁要是让我一时不痛快，我就让他一辈子不痛快。大伙都知道，得罪了慈禧，准没好下场，个个胆战心惊。而李莲英则极力美言，回护遮盖，让太后消气，帮别人过关。

---

[1] 王照口述，王树枏笔记：《德宗遗事》，中国社会科学院近代史研究所藏，1930年铅印本。

[2] 朱寿朋：《光绪朝东华录》，北京：中华书局，1958年。

这两方面，让李莲英在宫里宫外的人缘都还不错。

“事上以敬，事下以宽”，是李莲英当太监的经验之谈。然而，这些经验不是凭空而来的，是他从耳闻目睹的惨痛教训中总结出来的。这个血的教训究竟是什么呢？

二、安德海闹剧：李莲英的反面教材

还记得我们讲“垂帘听政之谜”时，提到的那位小太监安德海（1844–1869年）吗？跟李莲英一样，他也来自直隶河间，老家是南皮县的。是他上演苦肉计，帮着慈禧和奕䜣通风报信，才让叔嫂勾结，战胜肃顺的。可以说，辛酉政变的成功，安德海功不可没。事后，安德海就被破格提拔为四品总管太监，成了慈禧身边的红人，人称“小安子”。与此同时，李莲英还只是个看宫门的小太监。

民间有句俗话，叫“子系中山狼，得志便猖狂”。安德海官再大，也只是太后的奴仆。可他不这么想，倒是打算干预朝政。

当时，朝政是两宫皇太后跟恭亲王奕䜣说了算，而慈禧跟奕䜣的分歧越来越多。安德海深知，要想干预朝政，必先扫除奕䜣这个绊脚石。于是，他在慈禧跟前经常说奕䜣的坏话。后来，叔嫂翻脸，奕䜣吃了大亏。事后，奕䜣获悉，是安德海从中挑唆，对他恨之入骨。

仗着慈禧的恩宠，安德海私自培植党羽，结交朝臣，收受贿赂，搞得门庭若市，权倾朝野。他还在当时北京最大的酒楼前门外天福堂举行盛大宴会，公开迎娶19岁的徽班旦角马赛花为妻。太监娶妻，大张旗鼓，在世人看来简直是闹剧。可他认为，这么做光宗耀祖，风光无限。

对于安德海的张扬表现，慈禧并未阻拦，而是赏给白银绸缎，以示恩宠。这样，安德海就更不知天高地厚了。

安德海可能觉得，光在北京要威风还不够，还得到外地走动走动。同治八年（1869年）三月，同治皇帝刚过完14岁生日，准备两年后举行大婚典礼。按照朝廷规矩，皇上大婚的服装，都要由江南的织造局来提供，朝廷要派钦差大臣督办。就在这时，安德海提出了一个匪夷所思的要求：他想当这个钦差大臣。

一开始，慈禧有些犹豫。根据大清祖制，太监不许出京。可是，慈禧架不住安德海的好言哄劝，只好同意，借机让他开开眼界。不过，慈禧对安德海格外叮嘱：一定要秘密行事，不能让王公大臣们知道；沿途要小心谨慎，不要招惹是非。然而，慈禧的这番叮嘱，安德海第二天就忘光了。他到处炫耀，让出京办差的事，很快就传遍了紫禁城。

这年六月，安德海启程了。旌旗招展，浩浩荡荡，前呼后拥，煞是威风。所到之处，开口要钱，毫不客气。地方官争相“孝敬”，有求必应。安德海走一路，玩一路，吃一路，拿一路，搜刮了不少金银财宝。可是，一进入山东地面，他就碰了钉子——山东巡抚丁宝桢。

丁宝桢曾任太子少保，人称“宫保”。他是晚清著名“吃货”之一，最爱吃辣子炒鸡丁，并跟厨子潜心研究，将这道菜发扬光大，起名“宫保鸡丁”。不过，丁宝桢为官清正，看不惯阿谀逢迎、专权跋扈之人。安德海碰到他，算上倒霉了。

德州知州赵立新发现，安德海虽然自称钦差，但朝廷既没有“明降谕旨”知会地方，又没有给他任何公文印信，更没有朝廷颁发的“传牌勘合”，算得上“三无钦差”。赵立新怕其中有诈，谨慎起见，就把这事上报省里。

丁宝桢接到奏报，便写了一道密折。他很正直，鬼点子也多。密折里陈述了安德海的不法行径，说“有安姓太监乘坐大船，捏称钦差，织办龙衣，船旁插有龙凤旗帜，携带男女多人，沿途招摇煽惑，居民惊骇”。

这“安姓太监”当然是安德海，可丁宝桢抓住安德海“三无”的情况，偏要装作不知道安姓太监是谁，突出其“捏称钦差”“招摇撞骗”，造成“居民惊骇”的劣迹，强调自己守土有责，对于这种骗子必须绳之以法。这就给安德海扣上了“假冒钦差”的罪名。

写好密折后，他派亲信连夜直送北京，递进了恭亲王府。

奕䜣早就想收拾安德海，见到这份密折，不由得心中窃喜。他立即进宫，把密折呈给慈安太后和同治皇帝。安德海在宫里飞扬跋扈，得罪了许多人。同治皇帝和慈安太后都不喜欢他。大家决定一起装糊涂，把这“安姓太监”当作骗子给收拾了。即便这“安姓太监”果真是安德海，那他也触犯了太监不准出京的祖宗家法，谅慈禧也没啥说的。

于是，奕䜣让军机处草拟密旨，慈安太后和同治皇帝点头后，随即发往山东。密旨里的关键词就十四个字：“严密捕拿”，“毋庸审讯，即行就地正法”。

丁宝桢担心夜长梦多，走漏消息，早在密旨送达济南的前四天，他就动手了。安德海的船队在山东泰安被截住，安德海本人被五花大绑，押回济南。待密旨一到，丁宝桢对着安德海朗声宣读后，不容分说，下令推出去砍了。

安德海一开始还趾高气扬，骂声不停，等听到“就地正法”四个字后，吓得腿都软了，连忙磕头求饶。一切都晚了。两个大兵将他架了出去。求饶声越来越远。再后来，只听辕门外一声炮响，安德海人头落地。

等慈禧知道这事时，安德海已经人头落地了。慈禧又惊又怒，但悔之晚矣。安德海既犯了禁律，又惹了众怒，还没带公文印信，让人抓住口实，扣上“招摇撞骗”的帽子。慈禧只能吃哑巴亏，此时此刻只有顺水推舟，发懿旨痛打落水狗，处死安德海的党羽，表彰丁宝桢处置得当。

安德海之死，给李莲英好好上了一课。五年前，他被调到慈禧身边当差。奕䜣、丁宝桢收拾安德海，等于为他扫清了升迁道路上的一大障碍。没错，他很快就取而代之，成了慈禧身边的新红人。不过，安德海的教训李莲英牢记在心。宫廷险恶，要想保全自己，必须摆正位置。

光绪十二年（1886年）四月，李鸿章奏请朝廷派员检阅北洋舰队。慈禧太后就派光绪皇帝的亲生父亲醇亲王奕譞前往。奕譞城府很深，为了讨好慈禧，主动奏请李莲英陪同前往。慈禧一想，李莲英进宫多年，也该出去见见世面了，于是就同意了。这样，以奕譞为正使，李莲英为副使的检阅团就组建完成。由太监作为朝廷钦差大臣，在清朝历史上尚属首次。

同样是出京办差，李莲英的表现就比安德海稳重、谨慎得多。奕譞为了避免别人猜疑，每次接见文武官员都让李莲英作陪，也当个证人。李莲英每天穿着朴实，端着一根旱烟袋，跟在奕譞后面，随时装烟、递烟，好生伺候。就连晚上洗脚，也亲自给奕譞打热水。

检阅的时候，李莲英刻意站在后面，跟奕譞、李鸿章保持距离，端着奕譞的大烟袋，低头弓腰，让人觉得这哪像是钦差啊，分明就是跟班。回到住处，李莲英关门闭户，不见任何访客，让那些想要巴结他的人很失望。后来，有御史弹劾李莲英在这次办差过程中妄自尊大、收受贿赂、结交地方官员。结果查无实据。

光绪三十四年（1908年），光绪皇帝和慈禧太后先后去世。光绪的弟弟醇亲王载沣升格为摄政王，载沣的儿子溥仪被立为宣统皇帝。光绪的皇后叶赫那拉氏升格为太后，这就是隆裕太后。李莲英知道，一朝天子一朝臣，自己该急流勇退了。第二年，办完慈禧的丧事，他离开了皇宫，颐养天年去了。可是，退休刚刚两年，李莲英竟然死了。这究竟是怎么回事呢？

三、一颗头颅引发的未解之谜

1966年初夏，北京海淀区恩济庄46号院的一个花园里，五六个人正在开挖一个堡垒形状的土堆。这个土堆，就是李莲英墓。当时正值“文化大革命”初期，坐落在这个地方的北京六一学校，准备以“破四旧”的名义，把李莲英墓给砸了。

大家都没想到，掏挖这个墓地，竟然如此费劲。一个多星期的功夫，不仅坟头毫发未损，而且报废了三把大锤。直到有当地老人指点，这些人顺着墓碑挖下去，才找到通道，进入墓室。

墓室整齐有序，棺椁完好无损，五十多件随葬品价值连城。这些足以说明，墓室从未被盗，没有破坏。然而，人们只从棺椁里找到了一个皮包骨的头颅，以及一双烂如黑泥的鞋底。

毫无疑问，头颅和鞋底都是李莲英的。

从入土到发掘，只过了五十五年，尸身不可能完全腐烂，颗粒不见。那么，他的尸身究竟哪儿去了？

无论是《清稗类钞》，还是《李莲英墓葬碑文》，亦或是李莲英后人的说法，都无一例外地认为李莲英是病死的。然而，事实果真这么简单吗？

要探讨李莲英的死因，就必须谈谈他主动提出退休这档子事。

俗话说，“一朝天子一朝臣”。主子换人了，原先的奴才失宠就成了大概率事件。这时主动提出退休，算是一种保全自己的办法。除此之外，李莲英主动退休的原因，还有两个说法：

（一）怕被报复。李莲英虽然怜悯光绪皇帝，但毕竟是慈禧的家奴。光绪一辈子都生活在慈禧的阴影下，李莲英当然难辞其咎。在他大红大紫的时候，也害死了一些跟他作对的人。光绪和慈禧死后，慈禧钦定的摄政王载沣，正是光绪的同胞弟弟。因此，有人认为，李莲英担心载沣报复，所以主动退休。

（二）守住家财。李莲英经常利用职务之便，替别人疏通关系，谋取官职。当然，这些工作不免费，而是收费不菲。据说，别人求他办事时，就把钱送到北京的白云观，交给道长保管。白云观就成了他大肆受贿的掩护基地。财产太多，当然容易被人惦记。因此，有人认为，李莲英担心隆裕太后的亲信太监小德张（张兰德）对他抄家，于是主动退休，溜之大吉。

如果说，“逆水行舟”是“进”的艺术，那么“急流勇退”就是“退”的艺术。“急流勇退”不是单纯的退却，而是清醒的选择。及时而必要的退却，不仅能保全自己，落地为安，而且避开锋芒，让自己立于不败之地。古话说，“急流勇退，谓之知机”。李莲英主动提出退休，与其说是被迫为之，倒不如说是看清了形势，懂得进退。这同样是一种人生智慧，通俗地讲叫“识时务者为俊杰”。

不过，李莲英虽然主动退出了政治舞台，却没能逃脱身首异处的下场。如果我们无法相信李莲英是病死的，那么真正的死因是什么呢？民间的说法很多。有人认为，他被人暗杀于河北、山东的交界处。有人认为，他被人暗杀在自己回家的路上。有人认为小德张说服了隆裕太后将他杀死。有人认为，李莲英生前得罪了不少人，被人谋杀于后海附近。还有人说，李莲英死后，隆裕太后将他的财产全部充公。总之，看起来李莲英是非正常死亡。

然而，由于缺乏足够的证据，李莲英的死因真相至今仍是个谜。

还有个值得怀疑的问题：恩济庄的这个墓，就是李莲英唯一的墓地吗？民间传说，李莲英埋在河北遵化清东陵里的定东陵（慈禧陵）旁，或是北京永定门外大红门李家墓地。究竟在哪里，那儿有没有埋着李莲英的尸身，到现在也说不清。

唯一可以肯定的是，李莲英死后不到一年，清王朝就寿终正寝，结束了对中国二百六十八年的统治。

四、怎样评价太监群体和晚清太监

我们讲过，清朝是一个很重视吸取历史经验教训的朝代。明朝末年太监魏忠贤祸国殃民，成为明朝灭亡的重要原因。清朝吸取这一教训，对内廷太监管束很严，坚决防止太监干预朝政。顺治十年（1653年），顺治皇帝就颁布上谕，宣布了针对太监的六条禁令：

凡系内员，非奉差遣，不许擅出皇城。职司之外，不许干涉一事，不许招引外人，不许交结外官，不许使弟侄亲戚暗相交结，不许假弟侄等人名色置买田产，因而把持官府，扰害民人。其在外官员，亦不许与内官互相交结。如有内外交结者，同官觉举，院部察奏，科道纠参，审实一并正法。[1]

两年后，他又将严禁太监干政的谕旨铸成铁牌，立在紫禁城交泰殿门前，作为祖宗家法，以示警戒。倘若有太监触犯，一律处死。

清朝前期，这项制度执行得比较好，太监仅仅是皇帝、后妃的家奴，承担宫廷里的杂役。到了两宫皇太后垂帘听政后，太监擅权的情况开始出现，安德海和李莲英都多次公开违反祖宗家法。这究竟是为什么呢？

我觉得有三个原因。

第一，从慈禧来说，过于依赖身边人。由于慈禧太后跟奕䜣等朝臣多有矛盾，客观上使她只能依靠身边的仆人办事。安德海、李莲英就是这些仆人里的代表。

第二，从太监本身来说，图谋权钱更主动。安德海和李莲英，对权力和金钱的渴求更加主动和积极，虽然表现形式不同，但在慈禧太后的庇佑之下，对祖宗家法的禁锢毫无顾忌。

第三，从大臣方面来说，监督和制约都无效。有了慈禧的恩宠和保护，安德海和李莲英的官场地位直线上升，朝中大臣没人惹得起。丁宝桢刚烈耿直，对付安德海尚且要动一番脑子。表面看是监督和制约无效，其实就是大家怕慈禧，怕皇权。

那么，我们如何来看待像李莲英、安德海这样的太监呢？我想可以从三个方面来评价。

第一，太监是封建君主专制统治的副产品和怪胎。黄宗羲在《明夷待访录》中这样评价明朝宦官：

[1]　鄂尔泰、张廷玉等：《国朝宫史》，北京：北京古籍出版社，1994年。

今夫宰相六部，朝政所自出也。而本章之批答，先有口传，后有票拟；天下之财赋，先内库而后太仓；天下之刑狱，先东厂而后法司，其它无不皆然。则是宰相六部，为奄官奉行之员而已。[1]

其实，太监之所以能专权，就是借助作为皇帝的身边人的机会，熟悉皇帝起居习惯和生活兴趣的天然优势，上下其手，甚至替皇帝发号施令，翻云覆雨。归根到底，太监之所以会专权跋扈，背后倚靠的就是至高无上的皇权，就是封建君主专制统治。清朝灭亡以后，太监逐渐就被请出皇宫，“太监”这个概念也就走进了历史的坟墓。

第二，太监的身体残缺、心理失衡，人生悲惨。宦官被称之为“太监”，大概是在隋唐以后。皇宫里的许多体力活，宫女根本做不动；招募男性入宫，皇帝和后妃们又不放心。所以，这些具有男子体力，但被割去生殖器而失去男子性功能的宦官就被招纳进宫，服侍皇帝和后妃。他们身体残缺不全，终日守在皇宫院落，不能娶妻生子，不能过正常男人的生活。在皇宫里稍有不慎，便会招致毒打；一旦被赶出皇宫，就会遭到别人耻笑和社会抛弃。这也造就了一些太监畸形、变态的心理：一旦得志掌权，便会加倍报复；无论是敛财，还是弄权，都要更甚于贪官、权臣。而大多数太监，则在伺候人的工作和生活中默默地度过一生。明朝末年，皇宫的太监多达数万人。到了清朝，情况稍有好转，太监人数大幅减少，维持在千把人的水平，人生悲剧的范围大大缩小。

---

[1] 黄宗羲：《明夷待访录》，北京：中华书局，2011年。

第三，太监有好有坏，要就事论事，公正看待。提起太监，人们都会想起那些为非作歹的家伙，比如秦朝的赵高，汉朝的十常侍，明朝的王振、汪直、魏忠贤。其实，太监并不都是坏人。东汉的蔡伦改进了造纸术，明朝的郑和率船队七下西洋，都是历史创举。即便是唐朝的高力士、李辅国，也对自己的主子忠心耿耿，历史评价褒贬兼有。安德海虽然跋扈张扬，但办事机警，给慈禧立过功；李莲英虽然贪财滑头，但贵有自知之明，办事谨慎，还记得关照落难的皇上，这已经是难能可贵了。从他们一生的成败得失中，我们也能悟出不少为人处世的经验教训和人生哲理，这才是我们探讨晚清太监的现实意义。

所以，我们看待某个宦官，应当把他跟其他历史人物等同看待，而不要戴着“宦官即坏人”的有色眼镜，预设前提。这样得出的看法才更加客观、公允、准确。

李莲英名片

姓名：李莲英（1848–1911年）

职业：清朝慈禧贴身总管太监

出生地：直隶省河间府大城县李家村（今河北大城县臧屯乡李贾村）

祖籍：山东齐河

父亲职业：无业游民

家庭排行：第二

工作内容：陪伴慈禧

参考文献

金易、沈义羚：《宫女谈往录》，北京：紫禁城出版社，2004年。

信修明：《老太监的回忆》，北京：北京燕山出版社，1992年。

蔡世英：《大太监李连英》，北京：紫禁城出版社，2011年。

后 记

《清案探秘》第一部，是我在中央电视台《百家讲坛》播出的第一个系列讲座。2015年1月18—24日正式登陆电视荧屏。节目播出后深受广大观众好评，对于我这个初出茅庐的人来说，倍感荣幸。这本书就是将第一部的讲稿进行整理和加工编辑而成的。

细心的观众朋友们可能发现，电视上播出了7集，书里为什么会有9集呢？多出的2集是怎么回事呢？我们还要从头说起。

2011年8月，一个偶然的机会，央视编导魏学来先生辗转联系到我，提出合作录制讲座的建议。我们曾经试过清代边疆问题、清代商战、清代的清官与贪官等多个主题的探讨，都没能成功。直至2013年底，大家基本议定了选题，继续讲清代的悬案。考虑到阎崇年、纪连海、喻大华、张宏杰等前辈把出名的大案都已经讲了一遍，对我来说，要想跟前人比较，讲出自己的特色，是个不容易的事。因此，对于这个后来命名为“清案探秘”的系列讲座，我做出了四点特别的设计：

第一，一集一案。悬念在篇头提出，篇尾解决，绝不拖泥带水，这样也可以给编导提供剪切的空间和自由度。

第二，一案一说。抛开学术界的纷纭众说，讲我的一家之言，用更有说服力的文献资料自圆其说，尽可能提供一个确切的结论。

第三，一部一题。《清案探秘》分三部：第一部的案子都是宫廷秘闻，讲皇家生活；第二部的案子都是朝廷轶事，讲发生在朝廷大臣身边的悬案；第三部的案子都是百姓故事，讲发生在老百姓身边的奇闻异事和旷世奇案。

第四，一人一讲。位于央视老楼的新演播厅里没有观众，只有我一个人面对着四台摄像机干讲。这是从来没有的经历，是个挑战。

由于我不是现职教师，所有讲稿都要现写，而不是在既有教案基础上修改，再加上早八晚五的生活，使我只有双休日才有时间写作和录制。整个2014年，差不多一半的双休日，我都交给了《百家讲坛》。我辛苦，编导、摄像和化妆师也辛苦，向他们致敬！

第一部先后录了9集。考虑收视效果的因素，“乾隆生母之谜”和“嘉庆遇刺之谜”，虽然都有录像资料，内容也足够充实，但未能与观众朋友见面。所以，播出的只有7集，而且经过了较多删节。每集都录了55分钟左右，真正播出的只有40分钟。当“晚清太监之谜”作为《清案探秘》第一部的收官之作落下帷幕后，许多观众通过微信、微博跟我联系，说没看过瘾。

播出的事，央视说了算。文稿的事，我还是有发言权的。广西师范大学出版社即将出版的这本《清案探秘》第一部，不仅囊括了已经播出的7集未删节的文稿，而且吸收了没能播出的2集文稿。在后期编辑加工中，我又根据专家学者和观众朋友们的反馈，做了一些补充修改，以最快的速度将这本图文并茂的清代宫廷历史呈现给读者。

这是一部严肃的读物。它凝结了我十几年来清史研究的心得和心血，凝结了我对学术界前辈长期研究的甄别和提炼，凝结了许多海外文献和最新科研成果的精华。它所提出的结论，基本反映了历史真相，应该经得起历史考验和学术推敲。我相信，没有所谓的“未解之谜”，只要努力去探寻，一定有正解。

这是一部大众读物。它将晦涩的历史学论文论著，转化为老百姓能看得懂、听得舒服的语言文字，在象牙塔和市井生活之间搭起了一座宽阔的桥。让读者在观看清史题材电影、电视剧的同时，了解更多的历史真相，分清楚哪些是戏说，哪些是娱乐，哪些是野史，哪些是事实。这或许就是学术为人民服务，将人文科学成果转化为生产力的一种具体形式吧。

这是一部励志读物。我曾当过中学老师，参加过清史纂修，做过政府官员，社会阅历相对多一些。故而，每次读到这9个案子的时候，我都会以更广阔的视角去审视和思考，得出的结论和启示自然多元。读历史不光为了猎奇、看热闹，更该做到“读史使人明智”。我愿意抛砖引玉，把这些经验和启示分享给读者，使这些感悟转化为提升自我水平、避免重蹈覆辙的利器。

这是一部文化传承的读物。清朝是距离现代中国最近的封建王朝，清朝对我们今天的生活产生了方方面面的直接影响。承载中华民族精神的传统文化，早就打上了清代的烙印。传承中华文化，离不开清史，离不开对清朝的理解和领悟。我们读懂清史，读懂清代宫廷的是非曲直，既有普及国学教育、倡导传统文化的特别功用，更有连接两岸中华文化认同、推进全球华人文化传承的重要意义。

我要感谢导师戴逸教授。作为关门弟子，我做了三件“出格”的事：两年博士毕业，以清末民国北京房地产作为博士论文，登上《百家讲坛》。在这段不寻常的经历里，耄耋之年的戴先生，用言传身教感染我，用睿智和宽容指导我。人生有此导师，足矣。

我要感谢中央电视台《百家讲坛》栏目组的制片人那尔苏先生，责任编导魏学来先生，以及其他同仁的不懈努力。讲得好不好，策划和包装很重要。他们的智慧，令节目更精彩、更耐看。

我要感谢单位领导。虽然只是“似可同意”的字样和一路画圈的审批，但能够如期播出，离不开他们的充分肯定和默默支持。

我要感谢广西师范大学出版社的领导和同仁们。作为桂林的女婿，我跟该社的交情已有多年，但真正合作还是第一次。广西师大出版社的办事效率、敬业精神和专业水平，令我钦佩。

我要感谢慈母和娇妻。她们的默默支持，是我甘坐冷板凳的最大动力。

请允许我把这本书送给故去的父亲。节目策划伊始，他还健在。然而，他没能等到我全身心尽孝的一刻，没能看到我“触电”亮相的一刻，留下无尽遗憾。我幼年时，父亲含辛茹苦的场景，依旧历历在目。相信他在天堂看到这一切，也会很开心。

需要强调的是，清朝是距离今天最近的封建王朝，文献档案多，悬案谜团多，还有很多未解之谜，留待我们去探索和解读。这本书只是我们初步探秘的成果，并不意味着探秘体验的终结。

唐　博

2015年5月15日